Entre Nossas
Vidas

Desejo a você, que comprou este livro, que a mensagem por ele trazida conforte o seu coração e preencha qualquer dúvida em relação à vida eterna.
Que a felicidade seja parte de sua vida todos os dias.

Entre Nossas *Vidas*

OSMAR BARBOSA

PELO ESPÍRITO DE NINA BRESTONINI

Entre Nossas *Vidas*

Book Espírita Editora
2ª Edição
| Rio de Janeiro | 2018 |

OSMAR BARBOSA

Pelo Espírito de Nina Brestonini

BOOK ESPÍRITA EDITORA

ISBN: 978-85-92620-02-8

Capa
Marco Mancen

Projeto Gráfico e Diagramação
Marco Mancen Design Studio

Ilustrações Miolo
Manoela Costa

Revisão
Josias A. de Andrade

Marketing e Comercial
Michelle Santos

Pedidos de Livros e Contato Editorial
comercial@bookespirita.com.br

Copyright © 2016 by
BOOK ESPÍRITA EDITORA
Região Oceânica, Niterói, Rio de Janeiro.

2ª edição
Prefixo Editorial: 92620
Impresso no Brasil

Todos os direitos reservados e protegidos pela Lei 9.610, de 19/02/1998. Nenhuma parte deste livro pode ser reproduzida ou transmitida por quaisquer formas ou meios eletrônicos ou mecânicos, incluindo fotocópia, gravação, digitação, entre outros, sem permissão expressa, por escrito, dos editores.

Outros livros psicografados por Osmar Barbosa

Cinco Dias no Umbral

Gitano – As Vidas do Cigano Rodrigo

O Guardião da Luz

Orai & Vigiai

Colônia Espiritual Amor & Caridade

Ondas da Vida

Joana D'Arc – O Amor Venceu

Antes que a Morte nos Separe

A Batalha dos Iluminados

Além do Ser – A História de um Suicida

500 Almas

Eu Sou Exu

Cinco Dias no Umbral – O Resgate

O Amanhã nos Pertence

O Lado Azul da Vida

Mãe, Voltei!

Depois...

O Lado Oculto da Vida

Entrevista com Espíritos

Agradecimento

Agradeço, primeiramente, a Deus por ter me concedido esse dom, esse verdadeiro privilégio de servir humildemente como um mero instrumento dos planos superiores.

Agradeço a Jesus Cristo, espírito modelo, por guiar, conduzir e inspirar meus passos nessa desafiadora jornada terrena.

Agradeço a Nina Brestonini a oportunidade e por permitir que estas humildes palavras, registradas neste livro, ajudem as pessoas a refletirem sobre suas atitudes, evoluindo.

Agradeço, ainda, aos meus familiares, pela cumplicidade, compreensão e dedicação. Sem vocês ao meu lado me dando todo tipo de suporte, nada disso seria possível.

E agradeço a você, leitor, que comprou este livro e com sua colaboração nos ajudará a conseguir levar a Doutrina Espírita e todos os seus benefícios e ensinamentos para mais e mais pessoas.

Obrigado.

A todos, os meus mais sinceros agradecimentos.

Osmar Barbosa

Conheça um pouco mais de Osmar Barbosa em
www.osmarbarbosa.com.br

"A missão do médium é o livro.
O livro é chuva que fertiliza lavouras imensas,
alcançando milhões de almas."

Emmanuel

Sumário

37 | ÍNDIA

55 | ILEIA

63 | OUTRO DIA

87 | NINA

95 | OUTRA VIDA

105 | VIDA PREGRESSA

113 | QUANDO O AMOR ACONTECE

139 | A DESPEDIDA

149 | VINGANÇA

159 | O PERDÃO

167 | O RECOMEÇO

177 | O CASAMENTO

185 | IZMIR

191 | RENASCER

203 | A FELICIDADE

"Ainda que eu falasse as línguas dos homens e dos anjos, e não tivesse amor, seria como o metal que soa ou como o sino que tine.

E ainda que tivesse o dom de profecia, e conhecesse todos os mistérios e toda a ciência, e ainda que tivesse toda a fé, de maneira tal que transportasse os montes, e não tivesse amor, nada seria.

E ainda que distribuísse toda a minha fortuna para sustento dos pobres, e ainda que entregasse o meu corpo para ser queimado, e não tivesse amor, nada disso me aproveitaria.

O amor é sofredor, é benigno; o amor não é invejoso; o amor não trata com leviandade, não se ensoberbece. Não se porta com indecência, não busca os seus interesses, não se irrita, não suspeita mal; Não folga com a injustiça, mas folga com a verdade; Tudo sofre, tudo crê, tudo espera, tudo suporta.

O amor nunca falha; mas havendo profecias, serão aniquiladas; havendo línguas, cessarão; havendo ciência, desaparecerá;

Porque, em parte, conhecemos, e em parte profetizamos; Mas, quando vier o que é perfeito, então o que o é em parte será aniquilado.

Quando eu era menino, falava como menino, sentia como menino, discorria como menino, mas, logo que cheguei a ser homem, acabei com as coisas de menino.

Porque agora vemos por espelho em enigma, mas então veremos face a face; agora conheço em parte, mas então conhecerei como também sou conhecido.

Agora, pois, permanecem a fé, a esperança e o amor, estes três, mas o maior destes é o amor."

1 Coríntios 13

Amor verdadeiro

O amor verdadeiro é aquele em que duas pessoas se completam, independentemente das situações e problemas que possam surgir. O amor verdadeiro é aquele em que a cumplicidade está acima da relação. Em que a união é fator determinante para a felicidade.

Amor verdadeiro é um tema muito discutido, muitas pessoas duvidam se ele realmente existe. Com a promiscuidade existente, muitas pessoas deixaram de acreditar no amor verdadeiro, e isso geralmente acontece depois de vivenciar experiências ruins, como traição, falta de confiança, humilhação etc.

Alguns afirmam que o amor verdadeiro só acontece quando as duas pessoas têm amor por elas próprias. De igual forma, o amor verdadeiro vai muito além do romantismo e do erotismo, é uma questão de empenho, trabalho, cuidado e um forte compromisso diário.

Muitas pessoas acreditam que cada um constrói seu próprio amor verdadeiro; não existem padrões, existem as qualidades e exigências que fazem cada um feliz, de acordo com suas preferências e vontades.

O amor verdadeiro é diferente da paixão, ele não se concentra em coisas fúteis e pequenas, ele se preocupa com o grande, com os sentimentos, com os benefícios que o relacionamento traz, mas o amor verdadeiro não é necessariamente eterno. Muitas vezes um amor verdadeiro morre quando uma das partes envolvidas quebra a confiança existente.

Muitas vezes o amor verdadeiro está relacionado com temas religiosos ou com Deus, porque quem acredita em Deus, acredita que Ele é a fonte de amor, e demonstra um amor verdadeiro aos seres humanos.

É muito comum encontrar pessoas que sentem uma intensa necessidade de encontrar o amor verdadeiro, e expressá-lo para outras pessoas. Hoje em dia, existem várias formas e comunidades dedicadas ao amor verdadeiro em várias redes sociais, por meio das quais se compartilham fotos e muitos poemas sobre amor.

Nicholas Sparks, escritor americano de vários romances populares, afirma:

"Finalmente entendi o que significa o verdadeiro amor. Amor quer dizer que você se importa mais com a felicidade da outra pessoa do que com a sua própria. Não importa o quão dolorosas sejam as escolhas que você tiver que enfrentar."

"O que a gente não pode mesmo,
nunca, de jeito nenhum...
é amar mais ou menos,
sonhar mais ou menos,
ser amigo mais ou menos,
namorar mais ou menos,
ter fé mais ou menos,
e acreditar mais ou menos.
Senão a gente corre o risco de se tornar
uma pessoa mais ou menos."

Chico Xavier

Entre nossas vidas

Entre nossas vidas existem grandes amores, mas qual é a razão de as paixões serem tão intensas, que por vezes até nos tiram os pés do chão, chegando até mesmo a nos tirar a razão de viver?

Às vezes, encontramos muitas dificuldades em compreender nossos sentimentos. Apaixonamo-nos por pessoas que saem de nossa vida sem nos dar sequer uma última chance, sem ao menos dizer adeus, e a dor que fica, levamos pelo resto de nossa caminhada terrena.

Algumas feridas são tão profundas, que não encontramos respostas em nenhum livro escrito ou até mesmo no mais sábio de todos os sábios escritores de nossa vasta literatura.

Buscamos, por meio dos ensinamentos e do sofrimento, compreender a separação.

Alguns reagem de forma bruta, uns ficam tristes e sofrem com a depressão, outros aprendem a viver com a dor, e assim, vão levando a vida, como se tudo fosse normal, mas sabem que dentro de si as coisas não vão bem. Falta o mais importante, falta aquele amor inesquecível.

O amor sincero, o amor verdadeiro, a paixão que assola nosso ser, que estremece nosso corpo e atinge nossa alma, que traz secura em nossos lábios. Isso é a dor da alma ferida.

As separações e as perdas fazem parte da vida, mas compreender isso quase sempre é impossível. E conviver com essa dor é para poucos.

Normalmente é em nossa juventude que conhecemos aquela pessoa que vai marcar ou mesmo tatuar em nosso coração o amor eterno, falo do amor de um ser para com outro ser, de uma alma para com outra alma, de um espírito para com outro espírito.

Imaginamos que jamais a separação poderá acontecer, e quando menos esperamos nos tornamos escravos desse sentimento tão profundo, que invade nossa alma e nos complementa na dor a ausência.

A essência, o cheiro, o perfume, o sorriso, as palavras colocadas nas horas mais difíceis, a cumplicidade, o colo, enfim, tudo aquilo que jamais esqueceremos.

Imagens que ficam perpetuadas em nossa lembrança como tatuagens.

Viver com isso parece fácil, mas não é.

Quando desistimos, nos envolvemos em outros relacionamentos, e buscamos em outro ser aquilo que era a razão de nosso viver. Tentamos e vivemos a esperança de encon-

Entre Nossas *Vidas*

trar em outra pessoa o tão sonhado amor alimentado por coisas inexplicáveis que parecem ser de outras vidas.

Será que isso é de outra vida?

Será que a vida se resume a esta vida?

A vida é eterna como dizem?

Será que terei outra oportunidade de me relacionar com quem mais amei nesta vida?

Se a vida continua, continua em nosso peito a esperança de um dia podermos reencontrar esse nosso amor; e quando isso acontecer então, poderá, sobre outra perspectiva, falar para nosso amor o quanto guardamos esse sentimento, por quanto tempo, por quantos anos sofremos por sua ausência, e enfim poderemos mostrar-lhe o quanto fomos sinceros, e que agora podemos e sabemos perdoar, e viver eternamente ao lado do amor de nossa vida.

Olhares... Ah, esses são inesquecíveis! O toque dos corpos nus sentindo o cheiro da pele, o suor, foram os maiores privilégios que tivemos estando lado a lado.

Por vezes, podemos sentir o cheiro do hálito, de tanto tempo que vivemos perto uma boca da outra, o gosto das salivas misturadas os doces e calorosos beijos.

Impossível esquecer-se dos banhos que tomávamos juntos. Esquecer de seu sorriso, seus dentes brancos, sua pele, seu corpo, seu jeito, seu abraço e seu olhar.

Quanto tempo ainda nos resta para estarmos nessa onda de ausência de outro ser? Será que continuarei a manter a esperança de ter-lhe ao meu lado? Quem sabe um dia, iremos rir muito de tudo isso.

Tentar compreender o incompreensível é a esperança viva que nos leva a esperar. Afinal, há muitos mistérios que ainda nos falta revelar e entender, diz Ele.

Esperar pacientemente que os anos se passem, lentamente, embora desejoso que tudo passe rápido, e que possamos sentar e conversar.

E ainda que possamos voltar àquele lugar, onde tudo começou, e nunca, mas nunca mais mesmo, ficar um só segundo longe de você.

Estas e outras questões invadem nossos pensamentos e atingem nosso corpo de forma tão intensa, que vivem a nos machucar.

A certeza de que a vida é eterna nos deixa uma porta constantemente aberta, a porta da esperança, de que um dia ainda poderei dizer, eu te amo, e te amei por toda a minha vida, e poderemos reviver tudo aquilo de bom que vivemos, e aproveitar o resto do tempo, para ficar lado a lado, bem pertinho sem jamais nos separarmos.

As almas seguem eternamente juntas, e por provas e expiações viveremos ainda um bom tempo a nos machucar, e cada ferida aberta pela incompreensão nos fará mais fortes e fortalecerá ainda mais este amor eterno; cada vez que eu te perder, continuarei a te buscar, por essa ou por todas as vidas que ainda me restam pela eternidade.

O amor que grava nossa alma com seu nome, este é o amor de outras vidas, este é o amor que sinto por você.

E é por ele que estarei sempre esperando o dia e a hora em que tocarei seu corpo e poderei viver novamente os momentos de felicidade e de muita alegria.

E assim vamos vivendo, alimentando em cada segundo de vida a esperança de que viveremos lado a lado por toda a eternidade.

Nina Brestonini

OSMAR BARBOSA

Querido amigo leitor, trago para você estas linhas que me foram reveladas pela querida Nina Brestonini. Você poderá encontrar em outras obras psicografadas por mim, mais detalhes deste espírito magnífico que em cada linha que me transmite, me deixa feliz e ao mesmo tempo emocionado e, por vezes, assustado.

Cada história, cada livro, me traz um ensinamento que partilho com você de forma tão especial.

Ensinamentos tão profundos e contados de forma tão especial... essa é a Nina.

Obrigado, Nina Brestonini.

Boa leitura!

Osmar Barbosa

"Marcamos nosso espírito com as tatuagens do amor eterno."

Nina Brestonini

Índia

O dia amanhece lindo. A temperatura é amena e os pássaros cantam as mais lindas melodias matinais.

– Bom-dia, Rabi!

– Bom-dia, Oziel!

– O senhor dormiu bem?

– Sim, após um dia de intenso trabalho, consegui descansar bastante, estou refeito para começar mais um dia de batalhas.

– Que bom, precisamos hoje resolver a questão do Nico – diz Oziel, preocupado.

– Sim, sim... Eu estarei mais tarde nas plantações e resolveremos essa questão por lá.

– Bom. Rabi, só estava mesmo esperando o senhor acordar para poder falar-lhe sobre isso, vou indo para as plantações e o espero lá.

– Vá! Adiante os trabalhos. Daqui a pouco estarei chegando para resolvermos todas estas questões.

– Até mais, Rabi.

– Até mais, Oziel.

Oziel levanta-se da mesa, e juntando as duas mãos em frente ao rosto e curvando o corpo, cumprimenta seu senhor, antes de sair da sala de café.

Ratibaia Ilana, mais conhecido por Rabi, traja uma vestimenta que lhe cobre todo o corpo indo até seus pés. Sua roupa de cor branca, que traz detalhes em dourado, o define como comerciante.

Oziel é o encarregado das plantações de Ratibaia Ilana, homem de confiança que cuida de todas as tarefas organizacionais e dos demais sudras, como ele.

Oziel abre a porta lateral da magnífica, luxuosa e confortável residência que se destaca pela imponência de duas colunas com altura aproximada de seis metros frontais à casa, e dirige-se a uma pequena carroça de dois lugares de cor vermelha. Senta-se confortavelmente e dirige-se rumo às plantações.

A mansão é pintada de cor salmão, rodeada de imensos jardins floridos que embelezam ainda mais a imponente residência.

Rabi é fazendeiro. Herdou de seus pais todas as terras e as extensas plantações de fumo, cravo e café.

OSMAR BARBOSA

Excelente administrador, fez com que o patrimônio da família crescesse ainda mais após a morte de seu pai, Ilê, e de sua mãe, Constantina.

Castigados pelo trabalho na roça, morreram quando Rabi completou sua faculdade e deixaram sob a responsabilidade do único filho todos os bens e as propriedades que muita riqueza lhes trouxeram.

Rabi é um homem muito respeitado por toda a sociedade indiana. Ainda solteiro, tem laços de compromisso com Ileia Ranã, filha de Ariel, empresário próspero, proprietário da única indústria de processamento de fumo e de uma fábrica de cigarros e charutos. Rabi é o único fornecedor de toda matéria-prima para a produção da indústria de seu futuro sogro.

Rabi conheceu Ileia nos bancos da faculdade. A aproximação por interesses comerciais fez com que ambas as famílias mantivessem relações muito próximas, o que acabou por facilitar as relações de compromisso entre ambos.

Oziel é o amigo pobre de Rabi, mas isso não cria nenhum tipo de constrangimento na relação dos dois, muito embora a sociedade discrimine e marginalize esse tipo de relação. A Índia é dividida por castas.

Mas Rabi, homem independente, não permite que ninguém se intrometa em sua vida, e costuma levar o amigo a todos os compromissos sociais e filantrópicos que realiza ou até mesmo aos que participa como convidado.

Rabi é um homem bom, e a Índia, um país de miseráveis; muita dor e muita fome assola o povo.

Rabi mantém uma instituição que dá alimento para os mais necessitados, oferecendo duas refeições diárias para as pessoas mais pobres que vivem nas ruas sem mesmo ter onde morar. À noite o lugar serve de abrigo.

Uma vez por semana Rabi visita a instituição que mantém e costuma conversar com os assistidos; desta forma ele seleciona pessoas para trabalhar em suas lavouras e dar-lhes oportunidade de uma vida melhor.

Muitos são acolhidos nas diversas casas de colonos que Rabi mantém em sua propriedade, onde são recebidos por Maíra, irmã de Oziel, que muito o auxilia nas tarefas da propriedade.

Maíra é sua secretária. Auxiliada por Lusitana e Tami, ela coordena e cuida de todas as coisas pessoais de Rabi.

Meiga, de pele morena, olhos grandes, lábios carnudos e sorriso farto, esconde-se atrás de um véu uma linda e doce jovem de dezenove anos, comprometida com seus afazeres e responsável por tudo e por todos.

Trabalha durante toda a manhã, e quando a tarde chega, ela deixa tudo sob a responsabilidade de Oziel e vai para a faculdade. Ela estuda letras, pretende ser professora e assim ajudar os mais necessitados da Índia.

Após fazer seu desjejum, Rabi dirige-se às plantações para conversar com Oziel. Logo que ele chega, é assediado pelos empregados e pelas crianças da fazenda. Após acariciar e conversar com algumas, Rabi segue até o grande galpão, onde se separam fumo, e finalmente encontra Oziel.

– Olá, Oziel!

– Sim, Rabi!

– Vamos tratar do caso do Nico?

– Sim, senhor, quer que eu o chame?

– Não, ainda não, preciso que você me conte em detalhes o ocorrido.

– Sim, senhor, falaremos a sós?

– Sim, peça a todos que se afastem – diz Rabi.

Oziel pede aos demais funcionários que se encontram

no galpão separando folhas de fumo que saiam, pois o patrão deseja lhe falar com liberdade.

– Pronto, senhor, estamos a sós.

– Então comece a falar, homem.

– Sim, senhor. O que aconteceu foi o seguinte: não sei se o senhor se lembra na semana passada, quando estivemos na instituição para as entrevistas com os necessitados, daquela mulher com uma menininha de olhos verdes e grandes.

– Sim, sim, lembro-me. O que houve?

– Então, por ordens suas, trouxemos aquela senhora para trabalhar nas cozinhas e auxiliar as cozinheiras em suas tarefas diárias.

– Sim, e o que aconteceu? – pergunta Rabi.

– Bom, desta mulher não temos nada a falar, o problema foi com o Nico.

– O que ele fez?

– Ele tentou, ou até acho que conseguiu, segundo testemunhas, abusar dessa senhora sem ela ter-lhe permitido. Ele a estuprou lá perto do rio.

– Isso é muito grave, sabes que não tolero esse tipo de comportamento entre meus empregados.

– Sim, meu senhor! Sabemos disso, por isso esperei o tempo passar, para apurar os fatos com muito cuidado e trazer ao senhor somente a verdade.

– E qual é a verdade, Oziel?

– A verdade é que Nico realmente descumpriu suas ordens e abusou da senhora na frente da menina.

– Traga-o aqui imediatamente – ordena o patrão.

– Sim, Rabi.

Oziel afasta-se, vai até a vila de casas e lá encontra-se com outros amigos que mantêm Nico em cárcere privado aguardando a decisão de Rabi.

– Vamos, homens, vamos levá-lo para o patrão – diz Oziel.

Gritos eufóricos são ouvidos, e todos querem, na realidade, linchar o meliante, fato que só não ocorreu porque todos respeitam muito Rabi.

Entrando pelo portão principal do galpão, um grupo de aproximadamente trinta homens carrega preso a uma corda pelo pescoço e pelas mãos o infeliz Nico.

Sentado a uma mesa, Rabi observa a cena até se aproximarem de si.

– Aqui está ele, senhor!

– O que tens a dizer para sua defesa, Nico?

– Não fiz nada, senhor. Foi ela que me permitiu fazer o que fiz.

– Tens certeza? – insiste Rabi.

– Sim, senhor! Falo a verdade, por favor, não me mate!

– Oziel, traga a mulher; quero falar com ela – ordena Rabi.

– Sim, senhor, vou buscá-la.

Oziel ordena a três homens, que imediatamente saem correndo em direção à vila e vão à casa de Solenize, trazendo-a para conversar com Rabi. Após alguns minutos, ela chega ao galpão e se coloca à frente de Rabi.

– Sim, meu senhor. Mandaste me chamar?

– Senhora, este homem a molestou? – diz Rabi apontando o dedo indicador para Nico.

– Sim, Rabi. Ele me molestou.

– Conte-me, o que houve?

– Eu estava no rio a pegar água para banhar minha filha que estava próxima a mim, e este animal tentou pegá-la à força; implorei por misericórdia, e ele queria de qualquer forma abusar de Mel. Foi quando o convenci a abusar de mim e deixar a menina em paz.

– Onde está a menina? – pergunta Rabi.

– Está em casa, meu senhor.

– Vá buscá-la – ordena Rabi.

– Sim, senhor.

Nico intercede em sua defesa.

– Senhor, esta mulher mente, jamais abusaria de uma criança; ela é que insistiu em ter relações comigo – dizia Nico.

– Cale-se, Nico! Quando tiverdes alguma coisa a falar, eu lhe pergunto – diz Rabi.

– Sim, Rabi, perdoe-me – diz o homem ainda preso pelo pescoço.

– Oziel, como é que você pode deixar isso acontecer?

– Meu senhor, peço-lhe perdão por minha falha; como sabes, tenho muitas coisas a fazer e confiei neste pobre homem.

– Erraste muito ao confiar em alguém que não conheces bem.

Todos ficam em silêncio. Algum tempo depois.

– Aí vem a mulher trazendo a criança – diz Oziel.

Aproximando-se de Rabi, é trazida pelas mãos uma jovem menina aparentando uns dezesseis anos. Morena, cabelos longos, olhos verdes, que despertam em todos um furor de admiração por tamanha beleza contida em uma só menina.

Um véu azul lhe cobre o rosto, deixando à vislumbrante visão de todos os lindos olhos verdes com cílios longos que embelezam ainda mais a pequena menina de nome Mel.

– Senhorita, qual seu nome? – pergunta Rabi.

– Mel, senhor, me chamo Mel.

– Este pobre homem está sendo acusado de abusar de sua mãe, isso é verdade?

– Sim, senhor. Nós estávamos no rio a pegar água para o banho, quando inesperadamente ele apareceu e me agarrou; logo minha mãe o impediu e ele a levou para o mato onde abusou dela.

– E você, o que fez?

– Eu nada podia fazer, escondi-me entre os arbustos e fiquei a esperar por minha mãe.

– O que achas que devo fazer com este homem?

– Ainda não conheço as leis, mas tenho certeza que sua sabedoria saberá o que é melhor para todos.

Impressionado com a beleza da menina, Rabi quase não consegue disfarçar sua admiração; e tentando não mostrar a todos que está abalado com a beleza da menina, Rabi pede que todos saiam e que somente Oziel, Solenize e Mel fiquem com ele.

Todos saem e ficam do lado de fora do galpão a esperar pela decisão de Rabi. Já somam mais de quarenta homens, loucos para lincharem Nico.

Rabi põe-se de pé próximo a Nico e começa a falar.

– Oziel, você já me conhece há bastante tempo e sabe que apesar de não ser religioso, não acho justo tirar a vida de quem quer que seja. Porém, este pobre homem cometeu uma falta muito grave, e isso não podemos tolerar. A menina Mel, que nada tem de menina e sim é uma linda mulher, acha que tenho a sabedoria para resolver tal questão. A senhora Solenize tomou os devidos cuidados para que o caso não lhe traga uma gravidez?

– Sim, Rabi, tomei os devidos cuidados.

– Então, senhorita Mel, você acha mesmo que posso resolver esta questão?

Levantando o olhar lentamente e fixando-o em Rabi, Mel responde.

– Do alto posto em que se encontra estás preparado para qualquer desafio, seja uma vida ou uma morte, porém é justo lembrar que Deus é o senhor de todas as coisas e que ele sabe perfeitamente punir aqueles que lhe faltam – diz a jovem demostrando sabedoria.

– Achas mesmo? – indaga Rabi.

– Sim, acho mesmo – insiste a menina.

O olhar profundo de Mel entra na alma de Rabi, que quase não consegue concentrar-se para tomar tal decisão. Após algum tempo pensando e caminhando entre as fileiras de fumo, ele responde:

– Então faremos o seguinte: mande castrar este homem, Oziel, pois assim ele nunca mais será homem para nenhuma mulher. Sendo ele eunuco, terá que cuidar e vigiar as ruas das vilas por todas as noites até seus últimos dias de vida. E que nenhum mal seja feito a ninguém sob pena de morte.

– Sim, senhor, suas ordens serão cumpridas – diz Oziel.

– Agora a senhora e sua filha vão para casa, e que este assunto termine aqui.

– Sim, senhor – diz Mel e sua mãe.

Nico é trazido à presença de Rabi.

– Pela misericórdia divina, senhor, não faça isso comigo! – implora Nico.

– A misericórdia divina, se é que ela existe, já atuou dentro de mim – diz Rabi.

– Mas senhor, esta mulher mente – insiste Nico.

– Oziel, não só castre este homem como também lhe corte a língua. Assim ele nunca mais poderá dizer que alguém que fala a verdade está mentindo.

– Sim, meu senhor!

– Agora chame todos os homens e que se cumpram as minhas ordens – ordena Rabi.

Todos os homens se reúnem, castram e cortam a língua do pobre Nico.

Rabi fica observando Mel ir embora para sua casa de cabeça baixa a passos suaves e lentos.

Algo muito curioso ocorre no coração de Rabi. Ele sente um aperto como se esta separação causasse dor, ele tenta desviar seus pensamentos, afinal trata-se de uma escrava. Mas algo dentro de si o incomoda muito.

Oziel percebe que o semblante de seu amigo mudou e se aproxima de Rabi.

– O que houve, Rabi?

– Como assim, o que houve?

– Estais distante – diz Oziel.

– Nada, eu só estou preocupado com os negócios.

– Senhor, perdoe-me! Conheço-o muito bem e vi que a menina Mel mexeu com o senhor. Perdoe-me!

– Feche essa boca, Oziel! Cuidado com suas palavras. Quer ficar sem língua também?

– Perdoe-me, senhor, mas trata-se de uma linda menina que em breve será uma linda mulher.

– Oziel, vamos ao trabalho. Ou queres ser castrado também?

– Sim, senhor, vamos. Quer dizer, não senhor.

– Vamos ao trabalho, rapaz – insiste Rabi.

– Sim, meu senhor!

– Mas deixe-me lhe perguntar uma coisa...

– Sim, Rabi.

– Como essa mulher veio parar aqui com sua filha?

– Elas estavam na instituição e eu estava precisando de alguém para trabalhar nas cozinhas de lá. Conversei com ela e ela me disse ser uma boa cozinheira. Daí resolvi empregá-la e arrumei uma das casas da vila para ela morar.

– E de onde ela vem?

– Isso eu não perguntei, mas fiquei com muita pena delas – diz Oziel.

– Você fez uma boa coisa.

– Que bom que você aprova!

– Sim, Oziel, eu conheço o seu coração e sei que ele é boníssimo.

– Obrigado, Rabi.

– Agora vamos ao trabalho.

– Sim, vamos.

*"Escapamos da morte quantas vezes for preciso,
mas da vida nunca nos livraremos."*

Chico Xavier

Ileia

Rabi e Oziel agora caminham juntos até a propriedade principal onde ele passa a cuidar dos negócios. Ali é onde ele comanda as vendas de mercadorias e coordena os afazeres que lhe ocupam todo o restante do dia.

Logo a noite chega, e Rabi decide ir ao encontro de sua noiva.

Após algum tempo cavalgando em sua carruagem, Rabi chega à casa de Ileia Ranã. São precisamente vinte horas, todos já estão a esperá-lo para o jantar.

Rabi desce da carruagem e entra na luxuosa mansão de dois andares, rodeada de lindos jardins muito bem tratados. A mansão é toda avarandada, onde se podem ver diversas redes para descanso e cadeiras confortáveis.

Rabi é recebido pelo mordomo da família que o conduz à sala de estar onde todos estão sentados.

– Boa-noite, querido! – diz Ileia se aproximando do namorado.

– Boa-noite, Ileia!

Entre Nossas *Vidas*

– Como foi seu dia? – pergunta a noiva.

– Muito cansativo, tive um desgaste muito grande com os colonos.

– O que houve?

– Nada, não se importe com isso. Seus pais estão em casa?

– Sim, já vão descer para o jantar. Estávamos lhe esperando.

– Venha, vamos sentar na sala – diz Rabi.

– Sim, vamos – diz a jovem.

Caminham juntos para sentar-se em uma grande poltrona revestida de couro vermelho, delicadamente acolchoada, colocada estrategicamente na parte principal da grande sala de estar.

Ileia toma as mãos de Rabi e começa a acariciá-las.

Rabi está seco como uvas passas, e Ileia percebe que há algo diferente em seu noivo.

– O que houve? Você está estranho, Rabi!

– Não tive um dia bom; perdoe-me, querida.

– Sim, mas não respondes aos meus carinhos? – reclama a noiva acariciando as mãos de Rabi.

– Perdoe-me, vou tentar melhorar-me durante o jantar.

~ 56 ~

– Quer beber alguma coisa?

– Sim, traga-me um licor, por favor. Obrigado.

– Vou pegá-lo pessoalmente; espere, já volto.

Afastando-se, Ileia vai até outro cômodo buscar a bebida solicitada.

Ileia é uma jovem muito bonita, usa um vestido amarelo suave que lhe emoldura um corpo escultural. Sua pele branca e seus cabelos loiros realçam uma beleza diferente da das demais mulheres indianas. É uma mulher muito inteligente e já ensaia administrar as propriedades e riquezas da família.

Rabi, envolto em seus pensamentos, não consegue esquecer o olhar da menina Mel, que marca profundamente seu coração.

Seu humor está péssimo, pois o que ele queria mesmo era estar sozinho para poder refletir melhor sobre seus sentimentos, sobre aquele dia.

Seu relacionamento com Ileia está muito desgastado. A imposição do compromisso assumido ainda jovem, durante a faculdade, o incomoda muito. Não é que ele não goste de Ileia, mas seu coração não está completo. Ele sabe disso. Ele sente isso, e aqueles olhos verdes realmente modificaram um pouco o seu coração.

Ileia volta à sala trazendo nas mãos o melhor licor de sua

casa. Rabi se distrai e todos passam uma noite agradável. Rabi consegue contornar e esquecer-se provisoriamente o que se passa em seu coração.

Após o jantar, Rabi volta para sua casa e prefere não ir para seu quarto. Decide sentar-se na varanda frontal à sua residência e fica a admirar a linda noite quente de luar.

Rabi é interrompido de seus pensamentos por Liel, sua governanta.

– Senhor, boa-noite! Perdoe-me incomodá-lo, mas estou indo me deitar, e antes gostaria de saber se o senhor quer alguma coisa.

– Não precisava se preocupar, Liel, mas já que você me pergunta, por favor, traga-me uma garrafa de licor.

– Sim, meu senhor. Qual deles o senhor quer?

– Traga-me o licor de amêndoas, por favor.

– Sim, meu senhor – diz a governanta se afastando.

Sentado em uma confortável cadeira, Rabi fica por longas horas refletindo sobre seus sentimentos e principalmente sobre sua vida.

O olhar de Mel perturbou seu coração. O olhar daquela menina fez estremecer toda a sua vida. Como controlar algo incontrolável? O que foi aquilo? De onde vem essa menina? Qual sua casta? Por quê?

Perguntas sem respostas. Rabi está muito preocupado com tudo que sente naquele momento e não consegue acalmar seu coração que dispara toda vez que ele relembra aqueles lindos olhos. Os lindos olhos verdes da menina Mel.

"O tempo é muito lento para os que esperam
Muito rápido para os que têm medo
Muito longo para os que lamentam
Muito curto para os que festejam
Mas, para os que amam, o tempo é eterno."

Henry Van Dyke

Outro dia

Rabi ainda é um jovem de apenas vinte e cinco anos, mas tem sobre seus ombros muitas responsabilidades. Isso o amadurece a cada dia que passa. Ele segue adquirindo experiência, enfrentando os desafios diários, primeiro o de ser um fazendeiro, mas seu maior desafio é ser um homem rico.

Logo pela manhã...

– Bom-dia, Maíra!

– Bom-dia, senhor!

– Por favor, me mande chamar o Oziel!

– Sim, senhor!

Após algum tempo apressadamente, Oziel entra na sala de café.

– Bom-dia, Rabi!

– Bom-dia, Oziel!

– O que desejas?

Entre Nossas *Vidas*

– Mande preparar minha carruagem, que iremos visitar a Casa de Socorro dos Pobres.

– Sim, mas hoje não é dia do senhor ir até lá!

– Oziel, faça o que mando e não questiones, por favor!

– Sim, Rabi, perdoe-me.

– Vá homem, e prepare tudo.

– Sim, senhor.

– Intrometido esse meu irmão... – diz Maíra.

– Sim, Maíra. Oziel é um bom companheiro, mas realmente ele é muito curioso.

(Risos)

– Maíra, por favor, prepare todos os pagamentos que vou assinar antes de sair.

– Já está tudo pronto, vou pegar para o senhor autorizar.

– Obrigado.

Maíra retira-se para pegar os papéis. Rabi se levanta da mesa do café e passa a olhar os lindos campos de sua propriedade, e fica admirado com tamanha beleza.

Em seus pensamentos fica tentando adivinhar onde estará Mel, o que será que ela está fazendo àquela hora. Provavelmente está trabalhando nas lavouras, como todos fazem, ou quem sabe, auxilia sua mãe na cozinha da instituição beneficente. Não quer arriscar-se a perguntar a Oziel, pois sabe que isso lhe trará algum tipo de problema.

No fundo, o que ele mais deseja nesse momento é ver aqueles olhos que não o deixaram dormir bem.

Mas não pode expressar seus sentimentos para ninguém, vive isso dentro de si.

– Senhor, sua carruagem já está pronta – diz Oziel se aproximando.

– Vamos?

– Preciso assinar uns papéis com Maíra, me espere lá fora, que já estarei saindo, vou terminar meu café.

– Sim, senhor – diz Oziel.

– Você já tomou seu café hoje? – pergunta Rabi.

– Sim, meu senhor.

– Não quer aproveitar e se servir em minha mesa?

– Não, meu senhor, eu lhe agradeço. Muito obrigado.

– Então me espere lá fora. Já estou indo.

– Sim, senhor.

Rabi vai até a outra sala e encontra-se com Maíra, para assinar os documentos do dia.

Entre Nossas *Vidas*

– Está tudo pronto, Maíra?

– Sim, perdoe-me a demora, é que eu estava conferindo se está tudo certo mesmo.

– Sem problemas. Onde assino?

– Aqui, meu senhor, assine aqui – diz Maíra, indicando uma linha na papelada.

– Maíra, posso lhe perguntar uma coisa?

– Sim, Rabi, claro que sim!

– Você tem namorado?

– Não, Rabi. Não tenho namorado.

– E por quê? Você é uma jovem tão bonita... – diz Rabi.

– Estou focada em meus estudos, isso é o que eu mais desejo em minha vida.

– E você está estudando para que?

– Desejo ser professora.

– Olha, então teremos uma professora aqui.

– Se os deuses assim o permitirem – diz Maíra.

– Assim será – diz Rabi.

– Terminei de assinar. É só isso?

– Sim, meu senhor, é só isso para hoje.

~ 66 ~

– Obrigado. Então vou me arrumar e sair com Oziel, quero supervisionar minhas terras e a minha obra social.

– Vá, meu senhor.

– Até breve, Maíra, e dedique-se mesmo aos estudos, pois sem eles não somos nada.

– Sim, senhor, pode deixar.

Após algum tempo, Rabi entra em sua carruagem e segue em destino à Casa de Socorro aos Pobres, instituição criada e mantida por ele.

Ao chegar, é saudado por todos que se jogam a seus pés em agradecimento por tudo o que ele faz em prol das pessoas mais pobres.

– Venha, Rabi – chama Oziel.

Ele entra e cumprimenta a todos os que estão a preparar as comidas e confeccionam roupas que são distribuídas mensalmente para os mais necessitados em campanhas realizadas por ele na periferia.

– Onde está a senhora Solenize? – pergunta Rabi.

– Está em casa, hoje ela não veio ao trabalho, pois sua filha Mel está adoentada – responde Leandra, amiga e coordenadora do projeto mantido por Rabi.

– E alguém já providenciou os remédios necessários para a menina?

– Não sabemos ainda, senhor, do que se trata. Ela simplesmente mandou avisar que não viria ao trabalho hoje por esse motivo.

Rabi fica em silêncio por algum tempo até que chama por Oziel.

– Oziel!

– Sim, Rabi.

– Vamos à casa da senhora Solenize.

– Senhor, ela mora em nossa propriedade.

– Então é para lá que vamos – diz Oziel, saindo.

Assustado, Oziel estranha a atitude de Rabi, mas obedece sem questionar.

Rapidamente, Rabi está retornando à sua propriedade e dirige-se para a casa de Solenize. Na bela estrada dentro de sua propriedade que divide a área nobre da área dos empregados, Rabi pergunta a Oziel:

– Oziel, em qual casa ela mora?

– Naquela lá no final da vila, senhor. Aquela cor de laranja.

– Siga diretamente para lá.

– Sim, meu senhor.

Todos estão muito assustados com a presença de Rabi

na pequena vila, a qual todos chamam de colônia. Tudo é novidade para os moradores daquele humilde, mas lindo lugar. Os moradores ficam impressionados com a presença de Rabi, pois ele nunca é visto por essas bandas da propriedade.

A bela carruagem para próximo à casa de Solenize. Rabi desce lentamente olhando tudo ao seu redor.

– Venha, senhor! É aqui – diz Oziel mostrando o caminho ao patrão.

Solenize percebe a movimentação em sua pequena varanda e sai pela porta principal da humilde residência.

– Bom-dia, senhora! – diz Rabi.

– Bom-dia, meu nobre Senhor!

– Eu posso entrar? – pergunta Rabi se aproximando.

– Sim, claro! Só não repare, não temos muitos móveis.

– Fique tranquila – diz Rabi, entrando lentamente.

– Onde está Mel?

– Está ali, deitada – diz Solenize apontando para um pequeno e único quarto à esquerda.

Rabi, embora experiente, fica chocado com a cena à sua frente. Muito abatida e visivelmente adoentada, Mel está deitada sobre farrapos, em um canto da pequena casa de dois cômodos.

Entre Nossas *Vidas*

Ao vê-lo chegar, a frágil menina esforça-se para levantar e cumprimentá-lo.

– Não se levante, Mel! – diz Rabi abaixando-se e se aproximando de Mel. – O que sentes?

– Não sei, tenho febre e me sinto fraca – responde a menina.

– Deite-se, espere! – ordena Rabi.

Rabi fica de pé e caminha em direção a Oziel.

– Oziel! – chama Rabi.

– Sim, meu senhor – diz Oziel se aproximando.

– Vá buscar um médico imediatamente!

– Sim, Rabi.

– Espere. Façamos melhor. Leve Mel e sua mãe para a minha casa. Senhora, venha com ela – ordena Rabi.

– Mas senhor, nós não temos casta.

– Não se importe com isso. Venham para a minha casa.

Delicadamente, Rabi pega as mãos de Mel e a auxilia a levantar-se; neste momento Mel cai sobre os braços de Rabi. Muito fraca, não consegue caminhar sozinha. Rabi fica extremamente preocupado, pois consegue sentir que a temperatura de Mel está muito alta. Seu corpo está frágil e quente. Imediatamente Rabi toma Mel ao colo e a leva lentamente para sua carruagem.

O perfume que exala de Mel o deixa plenamente transtornado. Seu cheiro, seus lábios, seu suor... tudo mexe com os seus sentimentos mais profundos.

Ele então coloca Mel sentada na parte interna da elegante carruagem e senta-se a seu lado. Há quatro lugares no interior da elegante carruagem.

Todos os colonos ficam impressionados com a atitude de Rabi.

Uns comentam baixinho que o grande senhor realmente é muito gentil para com os pobres. E ficam admirados com sua atitude de amor e caridade.

– Vá à frente, Oziel, e chame o médico. Venha, senhora, sente-se a meu lado – diz Rabi, convidando Solenize a sentar-se com ele e Mel.

– Senhor, vou chamar o Jonas para ser seu cocheiro e vou na frente em outro cavalo para buscar o médico.

– Faça isso imediatamente, Oziel.

Assim Oziel dirige-se a uma casa muito próxima e chama Jonas para que ele seja o cocheiro da elegante carruagem.

– Cocheiro, vamos para minha casa! – ordena Rabi.

– Sim, meu senhor.

Galopando rapidamente, todos chegam à luxuosa casa de Rabi.

Maíra os recebe na porta principal.

Assustada com a movimentação, Maíra intercede:

– Rabi, o que houve?

– Maíra, mande preparar dois quartos de hóspedes, por favor! Urgente.

– Sim, senhor Rabi.

– Venha, Mel.

– Mas senhor, não achas que é muito abuso meu deitar-me em vossa cama de hóspedes? – diz a menina assustada.

– Deixe de bobagens e siga as minhas orientações, por favor – diz Rabi.

Mostrando-se mais segura, Mel caminha lentamente para a mansão e adentra a porta principal da propriedade, auxiliada por sua mãe. Mel resmunga com Rabi sobre sua atitude.

– Fique quieta, sei o que estou fazendo – diz Rabi.

– Perdoe-me, mas...

– Shiii, fique quieta e venha deitar-se – ordena o patrão.

– Obrigada, senhor.

O brilho do olhar de Mel encontra-se ao olhar de Rabi, e novamente o sangue pulsa fortemente em suas veias, acelerado pelas batidas de um coração visivelmente apaixonado. Rabi e Mel mal conseguem disfarçar as emoções. Parecem duas crianças perdidas como se brincassem de cabra-cega, encabuladas com as primeiras emoções.

Muito fraca e abatida, Mel depende do apoio de Rabi para entrar no quarto e deitar-se. Muito atencioso e carinhoso, Rabi a coloca na confortável cama.

Várias funcionárias da propriedade estão a cercar os dois, e os auxiliam, retirando as cobertas e ajeitando os travesseiros, para o melhor conforto da linda jovem. Suavemente, Rabi coloca sua amada na confortável cama.

Após deitar-se...

– Sente-se confortável agora?

– Sim, meu senhor, muito obrigada!

– Faça-me um grande favor. Não me chame mais de senhor, chame-me pelo meu nome, Ratibaia Ilana, ou se preferir, somente Rabi, como todos me chamam.

– Perdoe-me, senhor!

– Não se desculpe, Mel, só esqueça o senhor.

– Sim, Rabi.

– Melhor assim – diz Rabi aproximando-se ainda mais da menina.

Após alguns segundos em que ambos estavam com o olhar fixo um no outro, Rabi levanta-se e ordena.

– Senhora, vá trocar-se e cuide de sua filha até que o médico chegue.

– Sim, meu senhor – diz Solenize, que assistia a tudo parada próxima à porta do quarto.

– Mas minha mãe e eu não temos roupas – diz Mel.

Voltando-se para a porta principal do corredor, Rabi chama por Maíra e ordena a ela que providencie roupas para suas hóspedes.

– Maíra, providencie roupas novas e limpas para Mel, e também para sua mãe, a senhora Solenize.

– Sim, senhor! Venha, senhora – diz Maíra chamando Solenize para acompanhá-la a outro cômodo da luxuosa residência.

Todos saem do quarto e Rabi e Mel finalmente ficam a sós.

Rabi volta a se aproximar da cama e senta-se ao lado de Mel. Ele toma-lhe pelas mãos e as acaricia suavemente.

– Perdoe-me acariciar suas mãos, Mel, mas sinto algo muito forte pela senhorita; não sei explicar, parece que já a conheço há muito tempo. Parece que conheço seu olhar. Sinto-me como uma criança quando vê pela frente um pote de doces. Meu coração dispara e tenho que me controlar para não demonstrar meus sentimentos. Acho que algo nos liga. Não sei.

– Eu também tenho esta sensação, Rabi. Desde a primeira vez que o vi eu sinto algo muito estranho dentro de mim. Meu coração se acelera quando estou em sua presença. Sei que ainda sou muito jovem para pensar nessas coisas. Sei que minha casta não condiz com sua sabedoria, mas sinto-me incapaz de recusar estes sentimentos que crescem a cada contato seu.

– Agora eu vou cuidar de você, para que logo você fique boa; depois falaremos sobre nossos sentimentos, estou muito confuso. Perdoe-me. Sinto um nó na garganta, que mal consigo falar – diz Rabi assustado com seus sentimentos.

– Preciso mesmo me cuidar, estou muito fraca; há dias não como nada, e tudo que como me faz muito mal – diz a jovem olhando fixamente para Rabi.

– O médico logo vai chegar e em breve você estará boa. Fique tranquila.

Entre Nossas *Vidas*

– Acho que sei o motivo de minha doença, senhor.

– Se sabes, fica mais fácil para o médico cuidar de você. E lembre-se, não me chame de senhor.

– Não brinque, é importante que eu lhe fale o que está acontecendo.

– Então me fale – diz Rabi.

– Na verdade, estamos com muito medo do senhor.

– Como assim? Medo de mim... O que houve?

– Não sei se devo lhe falar. Perdoe-me, sinto-me envergonhada.

– Pode falar, Mel. Eu lhe prometo que nenhum mal farei a vocês.

– Mas você mandou castrar um homem, Rabi.

– Sim, mas ele cometeu uma falta grave, e isso merece uma punição.

– É esse o meu medo – diz Mel.

– O que você fez? – pergunta Rabi.

– Eu não fiz nada.

– Então me conte: o que está acontecendo?

– É com minha mãe.

– Como assim? Com sua mãe...

– Ela está grávida.

– Daquele desgraçado?

– Sim. E ela tem medo que o senhor nos expulse e tenhamos que voltar a viver nas ruas passando fome, sede e frio. Ela pensa abortar a criança, mas nossos princípios religiosos nos impedem de praticar tal ato.

– Como assim, princípios religiosos?

– Somos hindus e acreditamos na reencarnação. E também acreditamos na existência eterna, e sabemos que é por meio das reencarnações que aprimoramos nosso espírito para finalmente vivermos a vida plena e eterna.

– Como assim?

– Você nunca ouviu falar de reencarnação?

– Sim, já, claro que sim! Mas vocês, pessoas pobres, vivem com esses ensinamentos?

– Sim, por que a dúvida?

– Não, não é isso... Só estou impressionado com sua crendice e sua fé. Perdoe-me.

– Mas não é pecado acreditar nisso!

– Não digo que é pecado, mas vocês são pobres e de pouco estudo e conhecimento, só isso.

Rabi é interrompido por Oziel, que chega com o médico solicitado.

– Senhor, com licença. Boa-tarde!

– Doutor, por favor, examine esta menina; ela está com febre e não consegue comer – ordena Rabi.

– Afastem-se, por favor, eu vou examiná-la – diz o médico.

– Perdoe-me, senhor – diz Rabi, se afastando.

– Por favor, deixem o quarto! – ordena o médico.

– Sim, senhor. Venha Oziel – diz Rabi.

O médico chama por sua auxiliar.

– Senhorita Maria, me ajude aqui, por favor!

– Sim, doutor.

Maria auxilia o doutor Giovani a examinar Mel.

Todos esperam as notícias do lado de fora do quarto. Rabi e Oziel se sentam em uma elegante cadeira colocada no corredor.

– O que será que ela tem hein, patrão?

– Não sei. Só sei que ela está muito debilitada; e além disso, sua mãe está tendo um problema. Talvez isso até seja psicológico.

– Psicológico?! O que é isso? – pergunta Oziel.

– Oziel, nem sei por que estou conversando isso com você. Sinceramente acho que é um problema delas. E são elas que têm que resolver.

– Perdoe-me então, Rabi.

– Não tens que pedir perdão, Oziel, basta não querer saber de tudo.

– Sim, senhor, pode deixar.

Após meia hora o doutor deixa o quarto, fechando a porta.

– E então, doutor, o que tem a menina? – pergunta Rabi, nervoso.

– Ela me parece ter um problema emocional que a está afetando muito. Escutei os seus pulmões e estão limpos. Sua garganta está ótima. Ela apresenta um quadro febril que sinceramente acho ser emocional. Vou voltar amanhã e tentar conversar um pouco mais com ela. Quem sabe ela me conta o que está acontecendo.

– Sim, pode ser isso mesmo. Enquanto o senhor não chegava, ela me relatou um grande problema, que terei que resolver; e acho que isso a está deixando abalada – diz Rabi.

– Você quer me contar? – pergunta o médico.

– Infelizmente não posso lhe contar doutor – diz Rabi.

– Sinceramente acho que é isso, acho que o problema é emocional, mas por via das dúvidas, passei alguns remédios e acredito que dentro de três dias, no máximo, ela estará totalmente recuperada. Agora ela precisa resolver a sua questão emocional, e quanto a isso eu nada posso fazer.

– Para isso eu tenho o remédio certo – diz Rabi. – Eu sei como poderei resolver esta questão. Obrigado, doutor.

– De nada, amigo. Se precisar de alguma coisa, mande me chamar. Amanhã eu passo aqui para revê-la.

– Obrigado, doutor – diz Rabi.

O médico é levado para fora da casa por Oziel. Ansiosamente Rabi volta ao quarto e encontra Mel dormindo em sono profundo.

Lentamente ele deixa o quarto e vai para seu escritório. Após algum tempo ele manda que chamem Solenize. Que é trazida a sua presença por Maíra.

– O senhor mandou me chamar?

– Sim, senhora! Sente-se, por favor – diz gentilmente, Rabi apontando-lhe uma cadeira colocada à frente de sua mesa.

– Eu gostaria de agradecer-lhe a atenção para com minha filha e as roupas novas que o senhor nos deu.

– Não tens do que agradecer, Solenize. Senhora, estive conversando com sua filha e ela está muito preocupada com os acontecimentos relacionados ao estupro sofrido pela senhora pelo desgraçado do Nico.

– Ela lhe contou isso? – diz Solenize, assustada.

– Sim. Eu e o médico achamos que a doença dela está diretamente relacionada ao fato de sua gravidez.

– Senhor, não se preocupe com isso, vou ter esta criança e imediatamente vou doá-la a alguém. Não quero criar nenhum tipo de problema para o senhor que tão gentilmente tem nos ajudado.

– Como assim? – diz Rabi. – Como assim, doá-la?

– Não posso ter outro filho, minhas condições não me permitem ter outra boca para alimentar.

– A senhora não fará nada disso. Espere um pouco.

Rabi pega em sua mesa uma sineta, que é tocada para chamar um de seus empregados. Após tocar sistematicamente a sineta, sua governanta aparece à porta do escritório.

– Sim, meu senhor. O senhor chamou?

Entre Nossas *Vidas*

– Chame Maíra, por favor!

– Sim, senhor – responde Liel, a governanta.

Solenize permanece sentada e calada à frente da grande mesa de carvalho.

Nas paredes, lindos quadros refletem as plantações de fumo e milho, pintados por artistas indianos ainda da época de seu pai.

Maíra apressadamente entra no escritório.

– Sim, Rabi, mandou me chamar?

– Maíra, por favor, providencie acomodações para a senhora Solenize. E encha o guarda-roupas dela e da filha com roupas novas. Vamos acomodá-las por algum tempo.

– Sim, senhor. Venha, senhora!

Assustada, Solenize entra em lágrimas.

– Não chore, senhora, serás minha hóspede até o nascimento desta criança; após o nascimento veremos o que fazer – diz Rabi.

– Não tenho palavras para lhe agradecer.

– Não precisa, fique tranquila e vá descansar e aproveite auxilie a enfermeira a cuidar de Mel.

– Sim, senhor, pode deixar, vou cuidar dela. Obrigada, senhor!

– Não agradeça, agora vá – ordena Rabi.

– Sim, Rabi.

Sozinho e pensativo, durante algumas horas Rabi permanece em seu gabinete, ciente dos problemas que terá pela frente, principalmente com sua noiva Ileia.

Mas seu sentimento fala mais alto e está decidido a conquistar o coração de Mel.

Ele só de pensar em Mel, seu peito quase explode de tanta emoção. Seus olhos, seu cheiro em fim Rabi sente uma enorme alegria em viver esse momento.

"Não se turbe o vosso coração; credes em Deus, crede também em mim.
Na casa de meu Pai há muitas moradas; se não fosse assim, eu vo-lo teria dito. Vou preparar-vos lugar."

João 14:1-2

Nina

Existem, no mundo espiritual, cidades ou lugares que chamamos de colônias espirituais. Nestas colônias vivem os espíritos que já alcançaram um alto grau evolutivo. Espíritos mais perfeitos do que aqueles que estão vivendo experiências encarnados na Terra.

Deus não criou isso tudo para ser perdido com a morte. Ninguém morre. Passamos por experiências materiais utilizando-nos de um corpo físico para alcançarmos a tão sonhada perfeição, é assim que Ele criou as coisas. Existem verdadeiras cidades, vilas, bairros, municípios e países no mundo espiritual, ou você acha que tudo se perde?

Nada se perde na criação. Deus não pune seus filhos. Vivemos experiências para que possamos nos tornar melhores, é só isso. Somos seres espirituais vivendo experiências materiais e não seres materiais vivendo experiências espirituais. Nós temos que aprender isso definitivamente.

E nestas cidades existem administradores, tudo está orquestrado para auxiliar todos igualmente a evoluir. Se você não acreditar nisso é melhor você não acreditar em Deus.

Entre Nossas *Vidas*

Nina é um desses espíritos. Ela é uma trabalhadora incansável da colônia espiritual chamada Amor & Caridade. Muitos espíritos de luz trabalham com ela nessa colônia. Ela trabalha com crianças que chegam após o desencarne, vitimadas pelo câncer, pois essa é a especialidade desta colônia. Tudo está orquestrado para o bem de todos, lembrem-se disso.

No mundo espiritual existem hospitais que recebem aqueles que estão distantes das coisas de Deus. Ele é misericórdia, lembrem-se disso também. E sendo assim, nesses hospitais trabalham espíritos mais elevados que são profundos conhecedores dos fluidos de Deus. E é com esses fluidos que são tratados todos os pacientes que chegam à Colônia Amor & Caridade.

Nina tem um companheiro de várias encarnações. O nome dele é Felipe; juntos, eles auxiliam muitas crianças. E é num dia desses que Nina é procurada por Felipe que muito lhe deseja falar.

– Oi, Nina!

– Oi, Felipe!

– Posso conversar com você um pouco?

– Sim. Espere só eu terminar com Joana e conversamos, pode ser?

– Sim, claro, vou te esperar lá na praça.

– Sim, espere-me lá, eu já estou indo – diz Nina.

No mundo espiritual existem praças, lagos, jardins e tudo aquilo que estamos acostumados a ver aqui na Terra. Deus permite que os espíritos mais iluminados recriem esses ambientes para que possamos gradativamente aceitar nossa nova condição, a condição de desencarnado, de espírito eterno que somos.

Felipe sai da enfermaria onde Nina estava atendendo a uma menina e senta-se em um banco de madeira, desses que temos em nossas casas, e passa a apreciar a linda tarde. Após algum tempo Nina se aproxima.

– Desculpe-me a demora, Felipe, é que eu estava conversando com a Joana e ela me consome muito tempo ainda.

– Sem problemas, Nina – diz Felipe.

– Mas o que desejas de mim?

– Lembra-se de Rabi?

– O da Índia?

– Sim, ele mesmo – diz Felipe.

– O que houve?

– Você se lembra de Mel e de sua mãe?

– Sim, perfeitamente, nós as assistimos por diversas encarnações.

– Pois bem, eles se reencontraram na Índia – diz Felipe.

Entre Nossas *Vidas*

– Eu sei, acompanhei pessoalmente o que eles combinaram para esta encarnação. Até onde sei, está tudo correndo dentro da normalidade.

– Pois estava correndo tudo bem – diz Felipe.

– Meu Deus, o que aconteceu?

– Você se lembra do cigano Izmir?

– Sim, me lembro.

– Lembra-se que o deixamos no Umbral para que ele se restabeleça e se arrependa de tudo o que fez a Solenize?

– Sim, é claro que me lembro.

– Sabemos que dificilmente ele conseguiria aproximar-se de Solenize.

– Vá direto ao assunto, Felipe, por favor! – insiste Nina.

– No estado em que ele ficou no Umbral, dificilmente conseguiria fazer mal a quem quer que fosse. Sabemos que só o arrependimento sincero poderá livrá-lo de colher o que semeou – insiste Felipe.

– Pare de rodeios, Felipe, por favor!

– Pois olhe o que está acontecendo – diz Felipe, plasmando na frente dos dois uma tela onde se pode ver o que está acontecendo naquele momento.

Nina fixa o seu olhar na tela e parece não acreditar no que vê.

– Meu Deus, como isso pode acontecer?! Responda-me, Felipe! Como isso pode estar acontecendo?

– Sinceramente, não sei como ele conseguiu Nina, mas vamos olhar mais um pouco – diz Felipe.

Solenize e Mel estão voltando para casa depois de uma visita à casa de sua irmã. A noite está muito escura, a lua resolveu não aparecer para clarear a estreita estrada de barro que separa as modestas residências de um pequeno vilarejo onde se encontram poucos comércios.

Solenize segura firmemente a mão da menina, que aparenta seis anos de idade. Ambas estão muito assustadas, afinal as horas passaram sem que elas pudessem perceber.

– Venha, Mel, ande mais rápido! – diz a mãe, assustada.

– Estou andando, mamãe.

A estrada é ladeada por canaviais. Solenize trabalha na fazenda detentora dessa plantação. Ela é operária na pequena fábrica de melado e açúcar, e vive sozinha com seus três filhos. Seu marido, Emanuel, foi tentar a sorte em outra cidade. Volta e meia ele aparece trazendo dinheiro, brinquedos e comida para todos.

Solenize traz de outras encarnações um obsessor de nome Izmir. Desde o tempo das caravanas no deserto do Atacama, Izmir não desiste de destruir Solenize. A imagem volta ao tempo das caravanas, e Nina se ajeita no pequeno banco ao lado de Felipe para assistir ao desenrolar da história.

"As pessoas entram em nossa vida por acaso, mas não
é por acaso que elas permanecem."

Lilian Tonet

Outra vida

Um grande acampamento cigano está localizado temporariamente no deserto do Atacama. Solenize é uma mulher muito cortejada por toda a tribo. Faltam poucos dias para que ela realize seu casamento com Izmir, esposo escolhido por sua família.

Todos estão em festa, afinal o casamento cigano é um grande acontecimento. Alguns carneiros já foram mortos, todos os pratos estão sendo preparados. A bebida cigana feita de raízes já está fermentando, esperando pelo grande dia. Mas algo não anda muito bem dentro do coração da jovem cigana.

– Miro, venha aqui – diz Solenize, escondida atrás de uma barraca.

Miro olha à sua volta e vê que ninguém percebe que ele está próximo de Solenize. Rapidamente ele corre para trás da barraca e toma Solenize em seus braços.

Miro é casado com Liz e tem com ela dois filhos: um menino e uma menina de nome Raíssa.

Beijos ardentes são trocados na sombra da barraca ao final de mais um dia de preparação para o casamento.

– Você não pode se casar com ele – diz Miro.

– Nada posso fazer, meus pais o escolheram.

– Vamos fugir? – diz Miro.

– Você está louco, toda a tribo viria atrás de nós. Você sabe, em nossa tradição traição é o fim de tudo.

– Não vou suportar vê-la nos braços dele – diz Miro.

– Eu suporto vê-lo nos braços de sua mulher e não reclamo.

– Mas é diferente – diz Miro, abraçando a jovem e linda cigana.

– Não tem nenhuma diferença – diz Solenize.

– O amor toma meu coração, você é tudo que desejo nesta vida – diz Miro.

– Miro, eu também te amo profundamente.

Miro e Solenize ficam escondidos durante alguns minutos acariciando-se e trocando juras de amor.

O que fazer deste amor impossível? Esta é a grande angústia no coração de Solenize. Seus pais lhe impõem um casamento que pelas tradições está mais do que correto. Mas seu coração pertence a um cigano casado. O que fazer?

Solenize vive angustiada com tudo o que tem vivido e decide procurar a cigana mais velha da tribo para tirar com ela algumas dúvidas e quem sabe ter uma resposta para seu sofrimento.

– Sara, eu posso entrar em sua tenda?

– Sim, Solenize, seja bem-vinda! Sente-se – indica a velha cigana duas grandes almofadas de cor laranja colocadas ao seu lado.

Solenize senta-se imediatamente. Sara pega as mãos da jovem menina e as coloca entre as suas.

– O que está acontecendo com você? Suas mãos estão molhadas de suor.

– Não está havendo nada – diz a jovem.

– Como nada?! Você está estranha. Deixe-me ver seu futuro.

Rapidamente Solenize retira suas mãos das mãos da velha cigana. Afinal, Sara é a vidente do grupo; é ela quem socorre sempre que preciso o líder do grupo, o cigano Wladimir.

– Não precisa, Sara. Realmente não estou me sentindo muito bem hoje. Acredito ser por causa do casamento, como sabes faltam só dois dias e estou muito nervosa.

– Não adianta você ficar assim, tente se acalmar. Tudo vai ficar bem – diz Sara, acalmando-a. – Nós, ciganos, preservamos nossas tradições. E você tem que dedicar-se ao seu Ron. Quer um chá?

– Sim, Sara, eu sei. E isso tem me angustiado muito. Não quero beber nada, obrigado.

Entre Nossas *Vidas*

– Mas por quê?

– Não me sinto preparada para assumir tamanha responsabilidade. Ainda sou jovem e não gostaria de me casar agora.

– Deixe de bobagens, menina! É claro que você está pronta.

– Meu coração diz não, Sara.

– Vou preparar uma bebida para você se acalmar – diz Sara levantando-se e dirigindo-se a uma bandeja de prata com um jarro e algumas canecas.

– Obrigada, Sara!

Solenize sente uma enorme angústia no peito. Para ela, Sara é como uma mãe, pois lhe auxiliou muito quando ela era criança. A vontade é de contar tudo e ter com Sara uma conversa franca e conseguir arrancar dela uma orientação segura para resolver tal impasse. Após tomar a bebida servida por Sara, Solenize deita-se em seu colo e consegue acalmar-se, muito embora seu coração esteja angustiado com o momento em que vive.

Sara acaricia os lindos cabelos da bela cigana deitada em seu colo. E ali permanecem sem falarem nada, apenas o colo da velha cigana é suficiente para abrandar aquele momento. Solenize dorme no colo de Sara.

Ao longe, Miro está sentado à beira de uma pequena caverna arquitetando como resolver tal impasse e ficar definitivamente com Solenize. O amor que sente pela jovem

~ 98 ~

cigana bate latentemente em seu coração chegando a sufocá-lo. Sem que ele perceba, Izmir vem ao seu encontro.

– Bom-dia, Miro!

– Bom-dia, Izmir!

– O que você está fazendo aí sentado sozinho, homem?

– Pensando em como vou resolver uma questão muito importante de minha vida.

– Posso lhe ajudar?

– Não, não pode.

– Estou indo para a região dos rochedos, vou até a nascente pegar água fresca. Você quer me acompanhar?

– Não posso, estou vigiando as ovelhas.

– Então fique em paz – diz Izmir, afastando-se.

– Paz para você também – diz Miro.

Izmir se afasta. Miro vê ali uma oportunidade de resolver sua questão.

Nina está muito assustada com a cena e se agarra ao braço direito de Felipe.

– Olhe, Nina, como os obsessores se aproximam de Miro agora – diz Felipe.

– Nossa! Na verdade é uma legião de espíritos malignos.

– Mas veja também aquela luz violeta que atinge diretamente o peito de Miro.

Entre Nossas *Vidas*

– Sim, estou vendo.

– É a misericórdia divina avisando a ele para não dar ouvidos aos pensamentos negativos que rondam sua mente.

– É isso mesmo. Vamos observar o final desta história – diz Felipe.

A cabeça de Miro ferve debulhada em pensamentos perversos.

"Eu posso matá-lo", pensa Miro. No peito, uma angústia.

Miro se levanta rapidamente e vai atrás de Izmir.

– Izmir, Izmir, me espere – grita Miro.

Izmir houve o amigo chamando e fica a esperá-lo.

Rapidamente Miro se aproxima.

– Estive pensando e acho que vou acompanhá-lo até os rochedos.

– Será um prazer, amigo – diz Izmir.

Ambos caminham juntos, conversando animadamente sobre o casamento. Ao aproximar-se de um rochedo bem alto, Miro empurra Izmir, que cai de uma altura de aproximadamente vinte e cinco metros. Na queda, o jovem Izmir bate com a cabeça em uma rocha e morre imediatamente. Miro assiste a tudo do alto da pedreira. Após alguns minutos, Miro desce até o corpo desfalecido do rapaz. Os obsessores comemoram a realização do intento.

– Perdoe-me, Izmir, mas o amor que sinto por Solenize me fez agir assim. Agora poderei ficar com ela pelo resto de minha existência. E você, pobre homem, descanse em paz.

Nina levanta-se rapidamente e pede para Felipe interromper a cena.

– Pare, por favor, Felipe.

– Sim, Nina, o que houve?

– Que coisa cruel! – diz a jovem.

– Sim, por isso Izmir foi recolhido ao Umbral. O ódio que ele mantém em seu coração por Miro e Solenize impede a sua evolução. Ele se encontra em estado lastimável. Nós mesmos já tentamos diversas vezes convencê-lo a perdoar e seguir em frente.

– Tenho feito isso em todas as minhas orações. Quando vou ao oratório peço muito por eles.

– Eu também, Nina. Tenho pedido pelos três, mas infelizmente Izmir não consegue perdoar Solenize.

– E agora, o que vai acontecer? – pergunta Nina.

Vamos observar mais um pouco. Nina volta a sentar-se ao lado de Felipe, que novamente plasma na frente dos dois a tela para assistirem ao desenrolar da vida de Solenize.

"Onde há o amor verdadeiro, haverá sempre
uma luz que transporta todos os sentimentos aos
degraus mais sublimes da espiritualidade."

Lucas

Vida pregressa

Intuídos e magnetizados por Izmir e mais uma legião de espíritos malignos, vindos junto com Izmir das regiões mais escuras da espiritualidade, Manoel e Felisberto bebem em uma pequena birosca na estrada que dá acesso à fazenda de cana-de-açúcar.

– Vamos embora, homem, eu já nem me aguento mais de pé – diz Felisberto.

– Vamos tomar a saideira – insiste o amigo.

– Não sei como vocês conseguirão trabalhar amanhã com tanta cachaça que já beberam – diz Severino, o dono da birosca.

– Que nada, nós já estamos acostumados – diz Manoel.

Solenize passa rapidamente pelo lugar arrastando a pequena menina Mel.

– Olha, Manoel, quem está passando ali!

– Olha se não é a Solenize, aquela mulher linda.

– Linda e solteira.

– Solteira que nada, homem! O marido dela simplesmente deixou essa maravilha aqui para nós.

– Vamos atrás dela? – sugere Felisberto.

– Vamos – diz Manoel.

Os dois se afastam do balcão onde bebiam, dando a última golada nos copos de cachaça colocados à sua frente.

– Nós vamos dormir, Severino, até amanhã!

– Vá descansar, homem – diz Severino despedindo-se de ambos.

– Venha, Manoel, acelera o passo e vamos abordá-la mais à frente.

– Vamos cortar caminho por dentro da plantação, assim conseguiremos abordá-la em lugar ermo e seguro – diz Felisberto, que mal consegue andar, mas que é arrastado por Manoel.

Logo à frente e após algum tempo os dois dão um bote na frente de Solenize que caminha rapidamente com sua filha.

– Boas-noites, senhora – diz Manoel saindo detrás de uma moita de cana.

– Meu Deus! – diz Solenize, assustada.

– Não chame por quem você não conhece – diz Felisberto.

– O que vocês querem comigo? Deixem-me passar, senhores.

– Você não vai a lugar nenhum.

Mel começa a chorar desesperadamente. Nesse momento Manoel tira da cintura um facão e assassina a menina, desferindo-lhe um golpe certeiro na barriga. E para certificar-se da morte da menina, ele corta-lhe a garganta.

– Não façam isso, por favor! – implora Solenize.

Nina fecha os olhos imediatamente para não assistir à cena. Felipe deixa o filme passar sem interromper. Uma legião de demônios comandados por Izmir acompanham e irradiam os pensamentos de ódio nos corações dos operários bêbados. Presa fácil para espíritos malignos. Após abusarem de Solenize, Manoel e Felisberto assassinam a pobre mulher e dilaceram seu corpo, cortando-o em pedaços para servir de alimento para os animais do lugar.

Solenize e sua filha Mel são induzidas ao sono da recuperação. Mas logo voltarão para uma nova existência de provas e expiações.

A legião do mal retorna ao Umbral, onde, fortalecido, Izmir consegue realizar seu intento e se sente feliz, embora com a sede da vingança ainda acesa dentro de seu coração.

– Felipe, como Izmir conseguiu todo esse poder? Olha que ainda esses dias nós estivemos lá no Umbral para orientá-lo a amar e não a odiar Solenize. Expliquei a ele que ela não havia combinado isso com Miro, que ela não participou da execução e muito menos dos planos para matá-lo.

– Nina, o problema não foi o fato de ela não participar e nem saber que foi tudo premeditado por Miro. O problema foi a alegria que ela sentiu no coração quando soube da morte do seu futuro marido. Isso dói dentro dele até os dias de hoje. E além de tudo, ela viveu aquela encarnação como amante de Miro.

– Mas como ele conseguiu esse poder? – pergunta Nina.

– Ele simplesmente tirou de dentro de si todos os sentimentos positivos que tinha. E quando fez isso, conseguiu alinhar-se às energias mais densas do Umbral, conseguindo então sua carta de alforria para praticar todas as maldades que um espírito das trevas pode fazer.

– Meu Deus! – diz Nina. – E agora?

– Agora vamos esperar para ver se conseguiremos auxiliá-lo pela última vez.

– E o que iremos fazer?

– Vamos até o gabinete da administração. Vamos falar com Daniel.

– Vamos – diz Nina.

Assim, Nina e Felipe se dirigem até o amplo galpão da administração da colônia para conversar com seu presidente, o Frei Daniel.

"Deus nos concede, a cada dia, uma página de vida nova no livro do tempo. Aquilo que colocarmos nela, corre por nossa conta."

Chico Xavier

Quando o amor acontece

O ziel interrompe o momento de reflexão de Rabi.

— Patrão, perdoe-me a intromissão, mas o senhor ficou louco?

— Acho que estou ficando louco mesmo, Oziel. Onde já se viu um homem com os poderes que tenho colocar dentro de minha casa pessoas sem casta?

— Isto vai lhe trazer muitos problemas – diz Oziel.

— Sei disso, mas meu coração mandou fazer assim e assim o fiz.

— Na verdade, acho que o senhor está é encantado com a menina, não é?

— O meu coração não para de sofrer por ela, eu não sei o que está acontecendo, estou completamente apaixonado por Mel. Desde o dia em que a vi pela primeira vez não consigo tirá-la de meus pensamentos, Oziel.

— Não se preocupe com o que as pessoas vão pensar, aja com seus sentimentos; sabe que sou seu amigo há muitos anos e sempre lhe apoio em tudo o que você faz. Embora seja um problema, eu sinceramente acho que o amor vale a pena.

Entre Nossas *Vidas*

– Agradeço-lhe, meu amigo, agradeço-lhe, mas estou realmente muito preocupado.

– Não tem que agradecer, tem é que se preparar para os desafios e para as complicações que esta relação irá lhe trazer.

– É justamente sobre isso que eu estava pensando, sou noivo e não posso colocar uma mulher dentro de minha casa.

– Terás que decidir – diz Oziel.

– Eu sei, e é nisso que estou pensando. O pai de minha noiva é o comprador de toda a minha produção; se termino o noivado com ela, provavelmente sofrerei retaliações e não terei como vender o fumo plantado.

– Eu não tinha pensado nisso – diz Oziel se aproximando ainda mais do amigo.

– É, amigo... Ajo com o coração ou com a razão? O que faço?

– Não sei lhe responder, você é um homem estudado e muito querido por todos. Saberá qual a melhor coisa a fazer. Ainda terás pela frente a sociedade.

– Sim, mas isso não compra a produção de fumo que tenho para colher em breve.

– Esconda-a durante algum tempo. Esconda este sentimento, esconda essa possível relação.

– Não posso viver com isso, meu coração não me deixa

mentir e enganar pessoas. Você me conhece muito bem, sou uma pessoa muito transparente e sincera.

– É, eu sei, mas pela necessidade por vezes temos que ocultar fatos.

– Por acaso tens ocultado alguma coisa de mim, Oziel?

– Não, Rabi, eu nunca lhe ocultei nada.

– Então por que tenho que fazer isso? Por que achas que eu farei desta forma?

– É verdade. Não tinha pensado assim.

– Eu não tenho nada com ela. Apenas estou apaixonado, e ela nem sabe disso. Quer dizer esses dias quando a coloquei na cama eu não resisti e falei de sentimentos com ela.

– Então fica mais fácil; se você ainda não se declarou totalmente para ela, não se declare agora, espere o momento oportuno.

– Será que conseguirei viver com isso? – diz Rabi.

– A necessidade o fará ter paciência – diz Oziel.

– É, vou pensar assim.

– Agora vou à cidade cuidar de alguns negócios, prepare a carruagem – diz Rabi.

– Sim, meu senhor, eu vou preparar – diz Oziel.

Rabi é um empresário muito respeitado em toda a sociedade indiana. Ele é um jovem empreendedor que soube transformar as áridas terras deixadas pelos pais em terras férteis, produtivas e rentáveis.

Após sair da reunião de negócios, vai ao templo para orar e pergunta ansiosamente aos deuses como reagir diante de tamanho dilema.

Ora e pede proteção para que suas decisões sejam sábias e reflete muito sobre as palavras de Mel, que lhe mostrou profundo conhecimento religioso, apesar da pouca idade.

Já tinha ouvido falar de reencarnação, mas em seu país são muitas as religiões, então prefere seguir as orientações de seus pais que o ensinaram a não discutir e nem ser fanático por nenhuma religião. Apenas investir nos negócios da família e fazer as coisas prosperarem.

– Sua religião é a terra, que lhe dá o sustento – dizia seu pai.

Perturbado e confuso, Rabi volta para sua casa, ansioso em rever aqueles lindos olhos verdes.

Após algum tempo de viagem, finalmente ele chega a sua casa.

– Boa-tarde, senhor!

– Boa-tarde, Maíra! Como está a Mel?

– Está bem, encontra-se sentada embaixo do carvalheiro, lá nos jardins.

– Ela já se levantou?

– Sim. Ela se sente bem.

– Obrigado – diz Rabi, dirigindo-se aos fundos de sua propriedade.

Nos fundos da grande casa de Rabi há um lindo jardim construído por sua mãe. Lá, a árvore principal é um lindo pé de carvalho, que produz uma sombra imensa. Sob ele estão colocados alguns bancos para sentar-se e refletir. É um lugar mágico.

Lindas roseiras e pés de bougainville rosa enfeitam o local, tornando o jardim aconchegante e sereno, próprio para descanso e reflexão.

Lentamente, após tirar o chapéu, Rabi aproxima-se de Mel.

– Boa-tarde, Mel! Vejo que a senhorita já está melhor!

Levantando-se assustada e ao mesmo tempo surpresa, Mel olha fixamente para Rabi.

– Perdoe-me estar aqui, senhor!

– Não tens que pedir perdão. Lembre-se que és minha hóspede, e sendo assim todos os lugares de minha casa podem ser visitados por você.

– Não tinha a intenção de tomar tamanha liberdade.

– Por favor, não pense assim – insiste Rabi, que se aproxima lentamente da jovem.

– Posso sentar-me ao seu lado?

– Sim, claro, perdoe-me – diz Mel ajeitando-se e preparando um lugar ao seu lado para Rabi sentar-se.

Rabi senta-se ao lado de Mel e seu coração dispara, seu corpo estremece. Nervoso e tentando disfarçar, ele tenta entender o que está acontecendo.

– Perdoe-me, Mel, mas tive um dia difícil.

– Vejo que o senhor está realmente nervoso, suas feições estão vermelhas e suas mãos estão trêmulas.

– Deu para perceber?

– Sim.

– Perdoe-me, senhorita.

– Não tenho que lhe perdoar, a vida é assim. Dias bons, dias ruins. É isso mesmo.

– Sabe o que mais gosto em você?

Avergonhada, Mel pergunta.

– O que?

– Você tem sempre uma boa resposta para as mais difíceis perguntas.

– Perdoe-me se estou faltando com o respeito ao senhor.

– Já lhe pedi para não me chamar de senhor.

– Perdoe-me, Rabi.

– Mas voltemos ao assunto. Eu disse que você tem sempre uma boa resposta para as mais difíceis perguntas.

– Obrigada, Rabi.

– Como está se sentindo hospedada em minha casa?

– Feliz e tentando compreender algumas coisas que se passam em minha cabeça – diz Mel.

– Como assim?

– Você é um homem generoso, bom e rico, detentor de alto respeito entre os seus, e eu uma pobre menina. Às vezes falo demais!

– Deixa de bobagens, gosto de conversar com você – diz Rabi.

– Verdade?

– Sim, é verdade.

– Obrigada mais uma vez pelo seu gesto de carinho para comigo e com minha mãe.

– Não tem que me agradecer, eu faço isso porque meu coração manda que o faça.

– Isso é muito bom.

– O que é bom?

– Agir sempre com o coração.

– Ah, é?

Entre Nossas *Vidas*

– Sim, quando agimos com o coração é sinal de que as vontades de Deus estão se sobrepondo às realidades da vida.

– Olha, onde você aprendeu tudo isso?

– Não sei, nasci assim – diz Mel.

– Como assim?

– Desde menina tenho esse dom, às vezes me pego falando coisas que nem mesmo eu sei explicar.

– Como isso acontece?

– Não sei, tenho muitos sonhos que parecem reais, e nesses sonhos sou levada a lugares diferentes que mais se parecem com grandes fazendas, só que cheias de gente. E lá todos se ajudam, há muitos doentes e muitos médicos e enfermeiros cuidando dessas pessoas.

– Que lugares são esses?

– Nunca perguntei o nome, mas são lugares muito bonitos e muito bons para ficar.

– Acontece sempre isso com você?

– Desde menina tenho esses sonhos. E é lá que aprendo tudo isso que falei e falo para você e para minha mãe.

– Sua mãe sabe de tudo isso?

– Sim, ela diz que é para eu não comentar isso com ninguém, mas confio muito em você e não sei bem explicar porque tenho que lhe contar essas coisas.

– Então me conte mais – diz Rabi, mais calmo e sereno.

– Sabe, Rabi, a vida não se resume a esta vida, a vida é eterna. E na eternidade todos somos avaliados por nossas atitudes perante nosso semelhante, porque as coisas da terra são da terra e na terra ficarão, mas aquilo que você faz de bom é seu maior patrimônio na vida espiritual.

– Nossa! Cada vez que converso com você fico mais confuso.

– Perdoe-me, não é essa a minha intenção.

– Eu sei, mas fale-me mais um pouco; como eu já lhe disse, eu gosto muito de conversar com você. Acho sinceramente que fiz uma grande escolha ao permitir que você ficasse em minha casa, vejo que tenho muita coisa a aprender.

– Perdoe-me por falar tanto – diz Mel encabulada.

– Não, por favor, continue – insiste Rabi.

– Então, desde menina ouço vozes, e essas vozes me ensinam tudo isso.

– Como assim?

– Ouço vozes, como ouço a sua agora!

– São reais assim?

– Às vezes, confusas, mas na maioria das vezes são reais assim como agora.

Entre Nossas *Vidas*

– E o que eles falam?

– Eles conversam comigo e me passam ensinamentos. Disseram-me que o neném que vai nascer de minha mãe será um menino. E que ele vem para ajustar-se a nós.

– Nós quem?

– Eu, você e minha mãe!

– Espere, agora a coisa está fugindo ao meu entendimento; como assim, se ajustar a mim?

– Rabi, perdoe-me o que vou falar, mas temos ligações de vidas passadas. Este menino que vai nascer é um ajuste de vidas passadas que encontrou um meio de ajustar-se a nós nesta vida.

– Olha, a conversa está boa, mas sinceramente não acredito nisso.

– Perdão, senhor, perdoe-me se o ofendi!

– Não, você não me ofendeu, mas não acredito nisso.

– Não tem problema, só espero que não nos mande embora por causa disso.

– Fique tranquila. Agora tenho que cuidar de algumas coisas. Encontramo-nos no jantar.

– Sim, obrigada por sua companhia.

– Eu é que agradeço.

Assustado e muito nervoso, Rabi deixa Mel sentada sozinha e corre para seu escritório.

– Meus deuses, será que estou ficando louco ouvindo tudo isso de uma menina tão linda por quem estou apaixonado?! Será que estou ficando louco?

Ele fica a sós durante horas, refletindo sobre as palavras de Mel. Nervoso, Rabi tenta agir com a razão que o manda pôr para fora de sua vida Mel e sua mãe. Como um homem como ele poderia aceitar tudo isso impassível e ainda ouvir ensinamentos de uma doce menina que nem conhece muito bem? E essa história de falar com deuses ou almas?

A cada hora que passa fica mais confuso. Rabi tenta organizar seus afazeres, mas seus pensamentos não o deixam fazer nada a não ser pensar em Mel. A vontade é tomá-la em seus braços e beijá-la ardentemente. Ele deseja esquecer-se dessas coisas de resgate, de um menino que vai nascer etc.

Rabi é interrompido por Liel, que lhe avisa sobre o jantar.

– Senhor, com licença, o jantar está servido.

– Obrigado, Liel.

Ele então se dirige à sala de jantar e observa que só há um lugar arrumado para a refeição.

– Liel, onde estão as minhas hóspedes?

– Estão em seus quartos e pediram para avisar-lhe e agradecer, mas não desejam jantar.

– O que houve? Algum problema com Mel?

– Não, senhor. Ela não quer jantar, mas diz-se indisposta e pede-lhe desculpas, mas irá permanecer em seu quarto.

– E sua mãe? – indaga Rabi.

– Está com ela. Ambas estão no mesmo quarto.

Desapontado, Rabi manda servir o jantar.

– Obrigado, pode servir então.

– Sim, senhor!

No dia seguinte no café da manhã...

Ansioso para encontrar sua hóspede, Rabi levanta-se cedo, coloca sua melhor roupa e se dirige à sala de café. Seu coração se enche de alegria ao ver que Mel está sentada à mesa tomando seu café da manhã.

– Bom-dia, Rabi!

– Bom-dia, Mel, vejo que você se levantou cedo e está disposta!

– Sim, eu estou bem melhor; e você, está bem?

– Sim, um pouco confuso com tudo o que você me disse ontem, mas tentando entender seus argumentos.

– Eu fico muito feliz!

– Enquanto você se sente feliz, minha cabeça não para de doer de tanto pensar em suas palavras.

– Perdoe-me, senhor, não foi essa a minha intenção.

– Sei disso, mas o que mais me deixa assustado é que você é tão nova para ter tanta sabedoria.

– Agradeço ao elogio, mas tudo o que lhe falei é transmitido a mim pelos espíritos iluminados.

– É assim que você os chama? – pergunta Rabi.

– É assim que eles gostam de ser chamados.

– Compreendo – diz Rabi, sentando-se em sua confortável cadeira à cabeceira da mesa.

– Fiquei realmente muito assustado quando você me falou do menino que vai nascer e que tem uma missão conosco. Eu não entendi muito bem essa parte.

– A vida é assim: idas e vindas ao plano espiritual. Quando há algum ajuste a fazer, reencarnamos muito próximos daqueles de quem somos devedores para que os ajustes se realizem e assim se cumpram as vontades de Deus que tudo vê e a todos auxilia.

– Compreendo, mas o que temos a ajustar com esse menino?

– Isso eu também não sei, só sei que é uma missão de ajustes, e que minha mãe é o instrumento escolhido para que isto se cumpra.

– Mas ainda nem sabemos o sexo desta criança que vai nascer, e nunca vi sua mãe em nenhum lugar de minha vida... Como pode isso acontecer?

– Não é necessário que conheçamos as pessoas, que são na verdade os espíritos de nossos ajustes. Certamente nós já nos conhecemos de vidas passadas. Muitas das vezes nós encontramos esses espíritos nas esquinas da vida. Assim como você encontrou a mim e a minha mãe.

– Quer dizer que temos alguma missão juntos, é isso?

– Isso eu não sei, só sei que não há acasos na lei de Deus, e se estou aqui neste momento é porque Ele assim o quis.

– Posso ser bem sincero com você, Mel?

– Por favor, Rabi.

– Desde o dia em que a vi a minha vida não é mais a mesma.

– Como assim?

– Não sei explicar, talvez você possa perguntar a seus amigos se o que sinto é mesmo verdadeiro. Estou muito confuso. Perdoe-me.

– O que você sente Rabi?

Mel sente seu coração disparar, espera ouvir de Rabi a resposta tão desejada, espera que a paixão que invadiu seu coração seja correspondida.

– Senhorita, sou um homem maduro. Embora jovem, tenho muita experiência de vida. Sou um empresário bem-sucedido e nunca pensei que não saberia dominar meus sentimentos. Agora me vejo próximo a tomar decisões que, tenho certeza, serão muito importantes em toda a minha trajetória material.

– Se for alguma coisa que eu esteja lhe atrapalhando, por favor, me avise, não desejo de forma nenhuma atrapalhar seus planos.

– Correspondido em que? Agora quem está sem entender nada sou eu – diz Mel.

– No amor que sinto por você – diz Rabi, aproximando-se de Mel.

Mel sente o corpo gelar, estremece na pequena cadeira de palha em que está sentada e quase desfalece ao ouvir a declaração de amor de Rabi.

Envergonhada, baixa a cabeça e começa a mexer nos dedos das mãos como se tentasse acalmar-se para responder com firmeza e falar tudo o que sente pelo homem que está à sua frente declarando seu amor a ela.

Rabi toma-lhe as mãos, e lentamente os olhares se encontram e sem nenhuma palavra seus lábios se encontram em um longo beijo.

Rabi a abraça e os corpos colados sentem ambas as respirações ofegantes; o amor explode dentro de seus corações agora extremamente apaixonados.

Sem pronunciarem nenhuma palavra, ambos se levantam e partem para o jardim externo da linda mansão.

Corpos colados, sensações de reencontro, amor intenso.

– Por que você fez isso? – pergunta Mel.

– Porque te amo muito – diz Rabi.

– Mas que amor é esse, se você mal me conhece?

– Não sei lhe explicar, é uma coisa mais forte que eu; desde o dia em que lhe vi, sinto-me extremamente apaixonado.

– Mas você tem votos de casamento com outra mulher.

– Sei disso, e já estou tratando de desfazer isso em minha vida.

– Mas você não pode fazer isso.

– Posso sim, porque te amo e quero ficar por toda a eternidade sempre ao seu lado.

– Mas... – Rabi tapa a boca de Mel com dois dedos e logo que liberta seus lábios, um longo beijo é iniciado.

Apaixonados, ficam por algum tempo sem pronunciar nenhuma palavra; corpos colados, uma paixão intensa invade o ambiente dos enamorados.

O canto dos pássaros, nunca percebido, agora é admirado pelo amor que enxergam em toda a criação, o amor divino que os envolve.

Após algum tempo Mel pede a Rabi que a deixe descansar, pois precisa ajustar seus sentimentos.

– Vá, meu amor, agora tenho que tomar algumas resoluções importantes para nossa vida.

– Rabi, pense muito bem em tudo o que você vai fazer, não que eu não queira passar o resto de minha vida ao seu lado, mas como você mesmo diz, você é um homem importante e eu nada mais sou do que uma simples mulher sem casta. E isso pode lhe trazer sérios aborrecimentos.

– Meu amor, não me importa o mundo, o que me importa é você, e por você faço e farei qualquer coisa para nunca mais ficar um só segundo longe de ti.

– Eu sei disso, meu amor. É que não quero lhe atrapalhar!

– Em nada você me atrapalha. Meu pai me ensinou que tudo que está na terra é da terra, que só as coisas boas são realmente importantes. E o mais importante agora para mim é você. E tem mais, ele me ensinou que devemos respeitar a vontade de nossos deuses, e eu tenho certeza que você é para mim uma coisa divina.

– Saiba que sempre esperei por este momento, eu sempre soube por meio dos meus amigos espirituais que minha felicidade estava por perto, e agora sei exatamente onde ela está.

– Onde está, senhorita?

– Em você, meu amor. Eu te amo – diz Mel, extremamente apaixonada.

– Eu também te amo, agora vou cuidar dos negócios. Vá

Entre Nossas Vidas

descansar e converse com sua mãe, explique a ela o ocorrido e diga-lhe que em breve conversaremos sobre nosso casamento.

– Casamento?!

– Sim, nunca mais quero ficar um só minuto longe de você.

– Te amo!

– Eu também te amo muito – diz Rabi.

Feliz como um menino que acaba de ganhar sua primeira bola de futebol, Rabi segue para seu escritório, cheio de planos e certo de que todas as decisões que tomará serão para sua felicidade eterna.

Mel volta a seu quarto e pede a Liel que chame sua mãe. Seu coração está repleto de alegria e felicidade. Falta-lhe coragem para revelar à sua mãe o ocorrido. Mel conversa outros assuntos com sua mãe, que não se sente bem com a gravidez.

Rabi senta-se à sua mesa do escritório e desfruta de um sentimento que jamais sentiu. Seu coração está completo. Não entende muito bem o que se passa, mas uma certeza ele tem: nunca mais quer ficar longe de Mel. Sejam quais forem as consequências.

Logo ele é interrompido por Oziel.

– Senhor, com licença.

– Entre, Oziel. Vá entrando.

– Tenho uma notícia muito triste para lhe dar.

– Diga homem o que houve?

– Acabamos de encontrar o pobre Nico enforcado em uma arvore perto do pasto das ovelhas.

– Cuide para que o enterrem e não falem nada a Mel nem a sua mãe. A vida é feita de escolhas e ele fez a dele quando fez tanto mal a Solenize.

– Sim Rabi.

– Pobre homem, que os Deuses tratem dele.

– Rabi eu também peço sua permissão para estender as mangueiras de água entre as plantações, a seca está prejudicando a formação das folhas.

– Claro, pode sim, faça isso Oziel, faça isso.

– Há muito tempo não chove, e é necessário que façamos isso.

– Pode fazer, e ordene a todos que fiquem atentos à seca. Avise a todos que evitem fogueiras próximo às plantações – ordena Rabi.

– Sim, senhor. Posso lhe perguntar outra coisa?

– Sim, claro, Oziel.

– Estás com um ar de felicidade no rosto, o que houve?

– Deu para reparar? – diz Rabi, sorrindo.

– Sim, você está com um semblante diferente! Um ar de felicidade.

– Você nem vai acreditar, mas consegui aproximar-me de Mel e a beijei ardentemente.

– Senhor, dias atrás nós conversávamos sobre isso, e o senhor achava melhor esperar o tempo resolver esta questão.

– Simplesmente não resisti àquele olhar. Não consegui me controlar. Estou verdadeiramente apaixonado como nunca estive – diz Rabi com o olhar perdido no tempo.

– Perdoe-me Rabi, mas o senhor ficou louco? Sabes que terás muitos problemas pela frente.

– Não me importam os problemas, o que quero é ser feliz ao lado dessa mulher que tanto amo.

– Vejo que o amigo está completamente envolvido com o amor, hein, Rabi?

– Apaixonado é pouco, parece que revivo um amor eterno, muito estranho o que sinto dentro de mim Oziel.

– Meu querido amigo, seja feliz! É isso o que importa, fico realmente muito alegre com sua felicidade.

– Obrigado, Oziel, obrigado!

– Agora me deixe cuidar das plantações, senão não teremos fumo para vender.

(Risos)

– Vá, amigo, e cuide de tudo. Evitem comentários a respeito do Nico.

– Estou indo. Até breve, Rabi. Pode deixar ordenarei silêncio sobre o episódio.

– Até breve, Oziel.

Oziel deixa o escritório feliz, porém preocupado, pois sabe das consequências que esse amor pode trazer à vida de seu amigo.

Logo, centenas de metros de mangueira são distribuídos entre as plantações de fumo a fim de regar, evitando a perda das folhagens.

A seca é tamanha, e muitos fazendeiros já perderam suas plantações, o que trará um bom lucro aos bolsos de Rabi com a alta do preço do fumo.

Durante a noite, após o jantar, Rabi e Mel sentam-se para apreciar o luar na varanda principal da casa. O céu estrelado convida o casal apaixonado a namorar.

– Falou com sua mãe sobre nós?

– Não!

– Por quê?

– Não acho o momento apropriado. Nós precisamos conversar mais um pouco sobre tudo o que está acontecendo.

– Como assim Mel?

Entre Nossas *Vidas*

– Rabi, meu amor, embora eu ainda seja uma menina de apenas dezesseis anos, sou muito responsável; e além de tudo, meus amigos espirituais me alertaram sobre as dificuldades que esse nosso relacionamento trará à sua vida. Não sei se você vai suportar tudo.

– Como assim, tudo o que? – pergunta Rabi, curioso.

– Sofreremos muito por nosso amor. É isso que sei.

– Você ainda não me conhece, sou um homem muito determinado e te amo profundamente; por você passo e passarei por qualquer obstáculo.

– Qualquer um mesmo?

– Sim, qualquer um.

– Mesmo se você perder toda a sua fortuna e tiver que viver na miséria?

– Sim, mas isso não vai acontecer.

– Sabe, Rabi, há muito tempo vivemos juntos, lado a lado; nosso amor vem de outras vidas e por outras vidas vai seguir. Cada perda, cada dor, cada sofrimento que passarmos juntos servirá de alicerce para a nossa vida eterna.

– Meu amor, por você sou capaz de passar qualquer coisa – diz Rabi, segurando-lhe as mãos.

– Confio em você, sei que o que sentes por mim é o mesmo que sinto por você, mas as batalhas serão intensas, e juntos temos que superar tudo.

~ 134 ~

– Confie em mim. Juntos, vamos superar tudo.

– Eu vou conversar com a minha mãe amanhã.

– Faça isso, quero também terminar meu noivado e marcaremos logo o nosso casamento.

– Não fiquemos ansiosos, algumas coisas ainda precisam acontecer para que tudo se cumpra – diz Mel.

– Às vezes você me assusta com essas previsões. Essa conversa de espíritos.

– Não se assuste, apenas tenha fé e acredite que Deus está no comando de nossas vidas.

– Preciso conhecer esse seu Deus – diz Rabi.

Com um lindo sorriso no rosto Mel propõe apresentá-lo a Deus.

– Vou apresentá-lo.

Durante longas horas Mel ficou a pregar o evangelho de Jesus para seu amado.

"A nossa felicidade será naturalmente proporcional em relação à felicidade que fizermos para os outros."

Allan Kardec

A despedida

Rabi decide abrir seu coração para sua noiva, Ileia, e enfim terminar o relacionamento. Afinal, eles são mais amigos do que namorados. A relação já vem se desgastando há tempos.

Alguns dias se passam e Rabi decide procurar Ileia. Ele decide ir à sua casa para conversarem. Após longa cavalgada, finalmente é recebido por sua noiva.

– Olá seja bem vindo Rabi! Há dias que não o vejo, o que houve?– pergunta Ileia beijando-lhe a face esquerda.

– Tenho andado muito ocupado com as minhas plantações. A seca está causando muitas perdas e tenho cuidado de tudo pessoalmente, mas o motivo de estar aqui hoje é que preciso muito conversar primeiramente com você e depois gostaria de conversar com seus pais Ileia.

– Vamos entrar! – convida Ileia, surpresa com a notícia, porém estranhando a frieza do noivo.

– Seu pai está em casa?

– Sim. Mas o que houve, Rabi?

Entre Nossas *Vidas*

Ileia sente o seu noivo seco e frio e percebe que ele evita aproximar-se dela. Ela está confusa e uma enorme angústia começa a tomar conta de seu coração.

– Primeiramente, preciso conversar com seu pai, e depois eu falo com você Ileia – diz Rabi friamente.

– Aconteceu alguma coisa, meu amor?

– Converso com você após falar com seu pai. Por favor, avise-o de minha presença.

Preocupada e triste, Ileia leva Rabi até a sala onde estão os seus pais. Mesmo sem saber de nada, ela sente uma enorme angústia em seu peito.

Feliz com a presença do futuro genro, Ariel comemora sua chegada.

– Olá, grande amigo, seja bem vindo, sente-se, por favor.

Ariel convida-o a sentar-se, indicando uma confortável poltrona de couro marrom, posicionada na sala de estar.

– Boa-noite, senhor! Boa-noite, senhora! – curvando lentamente o corpo, Rabi cumprimenta os sogros.

– Sente-se – diz Tussa, mãe de Ileia.

– Perdoem-me as notícias que trago, mas não posso deixar de ser sincero e participar a todos minha decisão.

– Sente-se, filha – diz Tussa à sua filha Ileia, percebendo tratar-se de assunto sério.

Confusa e preocupada com a situação, Ileia senta-se próxima a seu noivo.

– Há muito tempo tenho frequentado esta família que me acolheu de braços abertos. Minha relação com Ileia e meu compromisso assumido se findam neste dia. Infelizmente alguns fatos aconteceram em minha vida que não me deixam seguir adiante com nosso noivado. Perdoe-me, Ileia, mas me apaixonei por outra mulher que, sem querer, entrou em minha vida; e não consigo deixar de ser sincero com todos vocês que para mim são como uma família. Apesar de nossos vínculos comerciais, tenho um grande carinho e respeito por todos vocês.

Calados e surpresos, todos ouvem as explicações de Rabi. O ódio pode ser visto nos olhos de Ariel, que não consegue conter sua raiva e explode em fúria.

– Olha aqui, rapaz, você acha que isso é assim, você entra aqui e desfaz tudo o que foi construído com amor pela minha filha e minha mulher?

– Senhor, perdoe-me, mas não posso deixar de ser sincero com vocês.

– Como assim, apaixonado por outra mulher? Quer dizer que o senhor anda tendo outros casos escondidos de minha filha?

– Não, ainda não assumi nenhum compromisso com Mel!

Entre Nossas *Vidas*

– Quem é essa tal de Mel? De que casta ela é? O senhor está fugindo totalmente à sua *dharma*.

– Senhor, permita-me a discrição, mas isso agora é problema meu – diz Rabi, empostando sua voz.

Ileia sai correndo da sala em direção a seu quarto.

– Está satisfeito agora com sua decisão? Olha o que você está fazendo à nossa filha? – diz Tussa.

– Perdoem-me! Mas a sinceridade neste momento é a mais sábia das coisas. Eu sei que será difícil para todos nós superarmos este momento. Mas jamais fugiria às minhas convicções, e principalmente deixaria a desejar o meu caráter.

– Ponha-se daqui para fora, homem sem escrúpulos! – ordena Ariel.

– Calma querido! Deixe que nós resolveremos isso de outra forma – diz Tussa.

– Perdoem-me, fiquem em paz – diz Rabi, levantando-se e se dirigindo a porta principal da luxuosa residência.

– Vá embora daqui, por favor – diz Ariel, irritadíssimo.

Rabi deixa o ambiente pesado e sai lentamente em direção à sua carruagem. Em seu peito um misto de alegria e tristeza.

Tristeza pelo sofrimento causado a Ileia, e alegria por

estar livre para viver seu grande amor. Ansioso para contar sua decisão, Rabi segue velozmente pelas estradas pequenas da Índia, feliz e aliviado.

Logo chegando à sua propriedade, reúnem na sala principal seus funcionários mais próximos e ordena que tratem Mel como sendo a dona da casa, pois logo se realizará o casamento.

Todos ficam muito felizes, porém Maíra e Oziel ficam preocupados com a repercussão dos acontecimentos. Eles conhecem a fama de Ariel.

Na casa de Ileia, seu pai não consegue aceitar os acontecimentos e faz juras de ódio a Rabi.

– Desgraçado, acha que vai ficar assim! Está muito enganado, não compro mais nem uma folha de fumo de sua produção; vou arrasá-lo, eu vou arruiná-lo, enquanto eu estiver vivo esse infeliz não conseguirá mais nada.

– Querido, deixe isso de lado; vou até o quarto ver como está nossa filha, depois conversaremos – diz Tussa.

– Vá, vá logo ver como ela está a nossa menina – ordena Ariel.

Tussa dirige-se ao quarto da filha para conformá-la e acalmar seu coração. Sem sucesso, pois Ileia trancou a porta do quarto e não atende ninguém, Tussa então volta à sala.

Entre Nossas *Vidas*

– Ela não quer me receber – diz a mãe, preocupada. – Ela está trancada no quarto.

– Viu o que ele conseguiu fazer? Agora nossa filha está triste.

– Não a perturbe, deixe como está. Logo ela vai se refazer. Mas que audácia desse homem vir à nossa casa e contar que está apaixonado por outra mulher! Ainda por cima diz que não teve nada com ela. Que canalha.

– Não vou deixar isso barato não, isso não vai ficar assim – jura Ariel.

Tomado pelo ódio, Ariel manda chamar seu capataz e segurança.

– Rilho, reúna alguns homens e durante a noite vá até a fazenda de Rabi e coloque fogo nas plantações de fumo dele.

– Mas meu senhor o que houve?

– Aquele desgraçado destruiu a reputação da minha filha e isso não vai ficar barato para ele.

– Mas o que houve meu senhor?

– Não lhe interessa, cumpra as minhas ordens é só isso que tens a fazer. Agora vá e organize tudo.

– Pode deixar senhor – obedece o capataz.

– Reúna alguns capangas, esperem pela madrugada e executem o serviço – ordena Ariel.

~ 144 ~

– Sim, senhor, pode deixar.

– Não deixe que ninguém os veja. Vá sorrateiramente com poucos homens e destrua aquele desgraçado.

– Sim, meu senhor!

– Só leve homens de confiança.

– Sim, meu senhor, pode deixar.

– Se ele está pensando que isso vai ficar assim, está muito enganado.

– Deixe comigo, senhor, que não vai sobrar nada.

– Agora vá.

Rilho sai à procura de alguns capangas e se organiza para cumprir as ordens de Ariel.

"Não se enganem; Deus não se deixa escarnecer. Aquilo que o homem plantar, isso também colherá. O que planta na sua carne, da carne colherá a corrupção; mas o que semeia no Espírito, do Espírito colherá a vida eterna."

Gálatas 6:7-8

Vingança

Chega a noite, e todos na propriedade estão dormindo, exceto Oziel que está muito preocupado, pois conhece bem a reputação de Ariel e teme uma vingança.

Altas horas da madrugada, Oziel está sentado em vigília de frente aos galpões onde o fumo é armazenado. Todos estão dormindo, a noite é quente.

Um barulho é ouvido, e Oziel pega a espingarda e sai para verificar o ocorrido.

– Silêncio! Está vindo alguém em nossa direção – diz Rilho.

Aproximadamente doze homens estão com ele para a tarefa de incendiar as plantações e os galpões de Rabi.

– Abaixem-se! – ordena Rilho.

Oziel percebe a presença de homens e aponta a arma para o grupo que está abaixado entre as carroças.

Rapidamente Rilho o pega por detrás com um golpe certeiro. Oziel tenta livrar-se, mas seu esforço é inútil. Outros homens auxiliam Rilho a segurar Oziel, que tenta gritar pedindo socorro, o que é em vão. Logo com uma faca bem afiada, Rilho corta-lhe a garganta, abatendo Oziel. Agonizando, Oziel morre na frente de todos sem ao menos conseguir avisar Rabi.

Sem se espantarem com a morte do vigia, todos se organizam e rapidamente tacam fogo nos galpões e nas plantações de fumo.

O desespero toma conta de toda a propriedade.

– Senhor, acorde, acorde! Fogo, fogo! – grita Maíra.

Rabi salta da cama e dirige-se ao quintal. Tarde demais, o fogo é intenso e alto. Todas as plantações e os galpões estão em chamas.

Enrolada em uma coberta, Mel aproxima-se de seu amado e o abraça por trás.

– Fique calmo, meu amor.

Virando-se e abraçando a menina, Rabi deita sua cabeça sobre o ombro de sua amada esperando ali o conforto para a dor daquele terrível momento.

– E agora, o que farei? Tudo o que tenho está em chamas – diz Rabi.

– Fique calmo, confiemos em Deus que tudo se resolverá – diz Mel.

– As minhas reservas financeiras estão nestes galpões, são produções que armazeno como depósito de dinheiro.

– Não se preocupe. Tudo será resolvido com o tempo, meu amor. Confie em Deus.

– Mas, e agora? – insiste Rabi.

– Venha, não há nada que possamos fazer. Venha para dentro, vamos sair daqui, que está muito quente – diz Mel.

– Alguém viu Oziel? – pergunta Rabi.

– Não, senhor, ele não está aqui.

– Onde será que Oziel se meteu?! Na hora que mais preciso dele ele some...

– Ele deve ter ido à cidade ou deve estar tentando apagar as chamas.

– É isso que ele deve estar fazendo, nós sabemos de sua responsabilidade – diz Maíra se aproximando.

– Vamos esperar – diz Rabi.

– Venha, amor, venha! Vamos para a varanda – insiste Mel.

Todos os trabalhadores da propriedade carregam baldes com água na tentativa de apagar o incêndio. Pouco se pode fazer, o clima quente e a seca favorecem ao fogo que rapidamente consome todas as plantações e celeiros repletos de fumo, cravo e café, exceto a vila de casas e a residência principal. As mangueiras são ligadas, mas tudo é em vão.

Longa é a noite de sofrimento e dor. Todos choram e reclamam do acaso.

Sem imaginar que seu melhor amigo está morto, Rabi fica a esperar que Oziel apareça, para brigar com ele.

Logo amanhece e os operários da propriedade resolvem fazer o rescaldo das poucas coisas que o fogo não destruiu.

A pior surpresa está por chegar. O corpo carbonizado de Oziel é encontrado em meio à fuligem.

A notícia chega até Rabi. Que está sentado na varanda da casa principal observando os poucos operários que ainda tentam auxiliá-lo.

Ramon se aproxima de Rabi.

– Senhor, bom dia, infelizmente eu tenho uma notícia ainda pior que o incêndio para lhe dar.

– Diga, Ramon – diz Rabi.

– Achamos nas cinzas um corpo carbonizado que nos parece ser de Oziel.

– O que?! – diz Rabi, saltando da cadeira.

– Lamento, senhor.

– Onde está o corpo?

– Ao lado de onde era o galpão principal.

– Vamos até lá – diz Rabi.

– Vamos sim, meu senhor.

Ao aproximar-se do corpo, Rabi logo reconhece o amigo. Ele vê no braço direito do corpo carbonizado uma pulseira de prata que ele mesmo dera a Oziel por ocasião de seu aniversário.

Transtornado com a perda do amigo, Rabi dirige-se a seu quarto. Sentando-se em uma cadeira, chora sozinho a perda do fiel companheiro e amigo.

Maíra está inconsolável ao lado de Mel que tenta acalmar o seu coração. Todos na casa estão extremamente tristes com a morte de Oziel.

Muito cansado e muito triste, Rabi deita-se na cama e dorme um sono profundo.

A notícia corre por toda a cidade. Ileia vai até o escritório de seu pai Ariel para adverti-lo e avisá-lo do ocorrido.

– Oi papai.

– Oi minha filha, você está melhor?

– Sim meu pai, eu me sinto recuperada. Deixe-me lhe perguntar uma coisa.

– Sim minha filha, você pode me perguntar o que quiser.

– Pai, você não tem nada a ver com os acontecimentos na fazenda de Rabi, não é?

– Que acontecimentos, filha? – diz Ariel.

– A fazenda dele pegou fogo esta noite e seu melhor amigo; Oziel, que tantas vezes esteve em nossa casa com ele, está morto, morreu carbonizado no incêndio.

– Claro que não, filha, jamais eu faria isso com ele. Apesar de estar muito aborrecido com o que ele lhe fez, eu não teria coragem de fazer mal a ninguém.

– Acho bom mesmo que você não tenha nada com isso. Pois eu entendo Rabi. Se o melhor para ele é ficar com outra mulher, melhor para mim, que vou agora procurar meu amor verdadeiro.

– Como assim?

– Nunca gostei dele para ser sua esposa. Foi até bom que ele tenha tomado esta decisão. Eu, sinceramente, não via felicidade em nossa união. Apesar de gostar muito dele e querer o seu bem, não me enxergava como esposa dele já havia bastante tempo.

O arrependimento toma conta de Ariel.

– Isso, filha, faça isso mesmo – diz o velho pai com a voz embargada.

– Onde está a mamãe? – pergunta Ileia sem perceber a angústia do pai.

– Foi à cidade. Daqui a pouco vou encontrar com ela na fábrica. Quer ir comigo visitar a fábrica?

– Não. Eu vou à casa de Rabi solidarizar-me com ele.

– O que, você está maluca?!

– Não, não estou não. Como já falei, compreendo o que ele fez e tenho por ele um carinho muito grande; ele foi digno em abrir seu coração para nós. Foi melhor assim!

– Vejo que você já está curada do amor que sentia por Rabi.

– O amor não tem nada a ver com as nossas decisões, somos pessoas cultas e adultas. E ainda mais sou uma mulher independente e sei aceitar minhas derrotas.

– Então vá, mas saiba que ainda não o perdoei.

– Papai, até quando você vai ser assim?

– Até os últimos dias de minha vida.

– Estou indo, até já.

– Até já, minha filha.

Em seu peito, Ariel sente-se aliviado com o bem-estar da filha, mas não se arrepende de ter assassinado Oziel. A angústia agora tem outro sabor dentro de seu coração, *o sabor da vingança.*

Ariel é um homem frio e calculista. Logo ele manda chamar Rilho, seu capanga.

Após algum tempo, Rilho entra em seu escritório.

– Bons-dias, patrão!

– Rilho, eu não mandei você matar ninguém.

– Sinto muito, senhor, mas ele nos descobriu e não me restou alternativa.

– Pois então muito bem feito para ele, não deixe que ninguém saiba disso.

– Pode deixar, senhor. Ninguém saberá.

– A minha condução está pronta?

– Sim, senhor.

– Então, vamos para a fábrica.

– Vamos, senhor.

Rilho conduz seu patrão e todos se dirigem a fábrica.

"O bem que praticas em qualquer lugar será teu advogado em toda parte."

Emmanuel

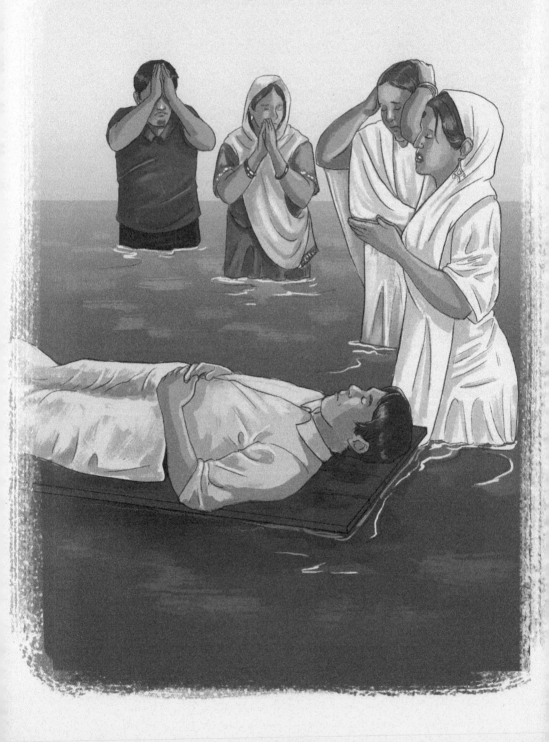

O perdão

Rabi é acordado por Liel sua governanta, que lhe avisa da visita inesperada de Ileia.

– Meu senhor, bons-dias! Temos uma visita lhe esperando lá embaixo!

– Quem viria me visitar a esta altura desses acontecimentos?

– Sua ex-noiva, Ileia, meu senhor ela está lá embaixo lhe esperando.

– O que será que ela quer comigo? Avise-a que eu já estou indo, por favor.

– Sim, senhor – diz Liel deixando o quarto.

Liel desce as escadas do andar superior e dirige-se à sala de estar onde Ileia está sentada numa confortável poltrona de cor laranja.

– Senhorita, o Rabi pediu para avisá-la que aguarde um pouco, pois ele já está vindo.

– Obrigada, Liel.

– De nada, senhora, desejas algo?

Entre Nossas *Vidas*

– Não, obrigada.

Nesse momento Mel desce as escadas sem perceber que tem visita na casa. Educadamente ela se dirige à visitante e a cumprimenta.

– Bons-dias, senhora!

– Bons-dias! Perdoe-me, mas quem é você?

– Eu me chamo Mel.

– É você a namorada de Rabi?

– Por que perguntas?

– Por nada, é que nunca vi nenhuma mulher morando aqui.

– E você, quem é? – pergunta Mel.

– Me chamo Ileia.

– Seja bem-vinda, Ileia!

Percebendo o mal-entendido, Mel pede licença para se ausentar do ambiente.

– Com licença, senhorita, eu tenho algumas coisas a fazer.

– Pois não, bons-dias – diz Ileia.

– Obrigada. Bons-dias para você também.

Uma onda de ciúmes invade o peito de Ileia, que tenta administrar seus sentimentos mais profundos.

Rabi chega à sala.

– Olá, Ileia – diz Rabi aproximando-se.

– Bons-dias, Rabi!

– A que devo a honra de sua visita?

– Vim solidarizar-me com você pelos acontecimentos e pela morte de Oziel. Saiba que não tenho raiva de você e até quero lhe agradecer por sua honestidade e atitude.

– Perdoe-me, Ileia, mas não tinha o que fazer; você sabe muito bem que sempre pautei minha vida na sinceridade, e não poderia ser diferente com você. Sei que eu poderia ter conduzido a conversa de outra forma. Mas na verdade eu estava muito angustiado para resolver logo aquela questão.

– Sim, por isso mesmo conversei com meu pai e lhe expliquei que compreendo perfeitamente o que aconteceu.

– Obrigado, por sua compreensão.

– Quero que saiba que faço questão de manter nossa amizade e que você pode contar comigo. A hora em que precisar é só me procurar, que estarei sempre disposta a lhe ajudar.

– Obrigado, Ileia – Rabi se aproxima e a abraça.

– Venha, vamos lá fora. Quero lhe mostrar os estragos que o fogo causou!

– Sim, vamos.

Os dois caminham entre as plantações cobertas por cinzas. Após algumas horas e uma boa conversa, Ileia decide voltar para casa. Todos na fazenda estão transtornados

Entre Nossas *Vidas*

com a morte de Oziel. Seu funeral é realizado na vila de casas. Maíra está inconsolável e muito triste. Rabi segue para as últimas despedidas do nobre amigo.

– Que bom que você veio, Rabi! – diz Maíra.

– Minha querida, você sabe que Oziel foi para mim como um irmão. Agora ele repousa no sono da eternidade e nada mais podemos fazer.

– É, eu sei – diz Maíra.

Rabi, juntamente com seus empregados, decide entregar o corpo do amigo no rio que corta a propriedade. O cerimonial é encerrado às margens do rio Ganges.

Rabi vai até o rio entregar o corpo de seu amigo e Mel se aproxima.

– Meu amor, eu posso pedir-lhe uma coisa? – diz Mel.

– Claro que sim, minha querida.

– Posso fazer uma oração para Oziel?

– Claro, meu amor.

Rabi toma a palavra e ordena a todos os empregados e visitantes que se mantenham em silêncio e esperem para entregar o corpo do amigo ao rio.

– Esperem! Mel irá fazer uma prece para nos despedir-mos de Oziel.

Todos se sentam. Alguns ficam de joelhos. Mel é a única a ficar de pé e começa a proferir uma linda prece.

Senhor, meu Deus, criador de todas as coisas. Estamos reunidos aqui hoje para lhe entregar o espírito de Oziel. Não importam para nós as circunstâncias de sua morte. O que pedimos a vós é que receba em Suas colônias espirituais esse nobre espírito de luz. Que a paz esteja depositada fervorosamente em seu coração.

Senhor, Sua vontade foi feita. Ele hoje retorna à morada eterna despojado de sua matéria física que tanto lhe foi útil nas provas terrenas.

Rogamos a Ti misericórdia e que nossos corações consigam viver com a ausência de tão honrado companheiro, amigo e irmão.

Espíritos de luz depositem sabedoria e paz em nossos corações.

Nós Te damos glória, Senhor de todas as coisas.

– Que linda prece, meu amor!

– Obrigada, Rabi.

– Obrigada por sua prece, Mel – diz Maíra, emocionada.

Todos se abraçam e finalmente entregam ao rio o corpo de Oziel. Muito cansado e indisposto, Rabi volta para casa e deita-se para descansar.

Nina e Felipe estão presentes no funeral. Eles se posicionam ao lado de Mel e espalham fluidos que abrandam os corações angustiados com a separação temporária do amigo Oziel.

"Os homens semeiam na terra o que colherão na vida espiritual: os frutos da sua coragem ou da sua fraqueza."

Allan Kardec

O recomeço

– Bom-dia, Rabi!

– Bom-dia, Maíra!

– Você não vai descer para tomar o seu café? Nós precisamos conversar sobre os negócios – diz a jovem.

– Vou tomar meu café sim e assim que eu terminar, conversaremos – diz Rabi descendo as escadas que dão acesso à sala de jantar onde o café já está sendo servido.

– Estarei lhe aguardando em seu escritório – diz Maíra.

– Está bem!

Rabi dirige-se à sala e fica feliz, pois Mel o aguarda para servir-lhe a primeira refeição do dia.

– Bom-dia, meu amor!

– Bom-dia, querida! – diz Rabi, beijando-a no rosto.

– Sente-se melhor? – pergunta Mel.

– Sim. Ainda estou muito triste com a morte de Oziel, mas a vida segue e tenho agora um grande desafio pela frente; nem sei por onde começar – diz Rabi, sentando-se.

– Comece acreditando que Oziel não morreu, e que brevemente ele estará entre nós de novo.

– Como assim?

– Tenha fé e acredite que a vida é eterna e que ninguém morre, meu amor.

– É muito difícil acreditar nisso, Mel. Prometo que vou me esforçar para tentar aceitar, talvez assim eu consiga acalmar meu coração. Toda vez que você me fala sobre isso, fico refletindo e confesso que acho que você tem razão. A vida continua, estou convencido de que você tem razão.

– Não brinque com isso – diz Mel.

– Não, não estou brincando, estou falando sério.

– Tá bom, tome logo seu café, meu amor.

Após servir Rabi, Mel senta-se ao seu lado.

– Obrigado, querida. Nós precisamos conversar com sua mãe sobre nosso casamento – diz Rabi.

– Precisamos sim. Vamos conversar com ela mais tarde, agora dedique-se a cuidar dos negócios. Os trabalhadores das lavouras estão muito preocupados com o destino de todos. Afinal, todos confiam muito na sua capacidade de reverter o ocorrido.

– Acharei uma solução para eles e para todos nós – diz Rabi.

– Eu confio que você vai resolver tudo.

– Pode confiar sim, meu amor. Nós iremos conseguir superar esta desgraça.

– Não diga isso. Não há acasos nas coisas de Deus – diz Mel, acariciando a mão direita de Rabi.

– Vou tentar me animar para não deixar que minha tristeza tome conta de todos vocês.

– Saiba que eu estarei ao seu lado para sempre – diz Mel.

– Eu também estarei com você por toda a eternidade – diz Rabi.

– Agora tome seu café – diz Mel.

Após tomar o café, Rabi dirige-se ao escritório onde Maíra o aguarda com alguns livros contábeis nas mãos.

Olá, Maíra, desculpe-me a demora.

– Não precisa se desculpar. Você estava com Mel?

– Sim, ela me serviu o café.

– A cada dia que se passa eu vejo e acredito que Deus lhe abençoou colocando em sua vida uma menina tão linda e tão especial.

– Realmente não sei o que seria de mim se hoje eu não tivesse a Mel em meu destino.

Entre Nossas *Vidas*

– Senhor, preciso lhe mostrar suas contas – diz Maíra, mudando de assunto.

– Vamos lá!

Após rápida verificação, Rabi constata que tem pouco dinheiro e que terá que tomar algumas providências urgentes, visando à redução de custos em sua propriedade e ao recomeço da vida. Precisa recomeçar a plantar. Os campos ainda não podem receber novas sementes. É necessário que o tempo os auxilie na recuperação do solo. Rabi sabe que os tempos serão difíceis e que terá que diminuir o número de pessoas que vivem em sua propriedade e são sustentadas por ele. Só em pensar no projeto social ele fica triste. Maíra o alerta das dificuldades que terá pela frente e mostra que o projeto social terá que ser abandonado.

– Rabi, infelizmente você terá que parar de atender aos necessitados em seu projeto social.

– Maíra, vou tentar levar o projeto adiante, vou falar com uma pessoa amiga que certamente não irá refugar ajuda a estes necessitados.

– Tens que fazer isso, pois o pouco recurso que tens terá que ser priorizado na reconstrução de sua vida – diz Maíra.

– Pode deixar. Vou resolver esta questão.

– Certamente, Rabi – diz Maíra.

– Por favor, chame todos os colonos para a frente da casa, que vou falar com eles.

– Sim, senhor.

– Obrigado, Maíra.

– De nada, senhor.

Maíra sai à vila e convoca todos os colonos e trabalhadores da propriedade para ouvirem as palavras de Rabi. Logo uma multidão se forma à frente da frondosa residência e fica a esperar pacientemente que Rabi apareça para lhes falar. Após refletir, Rabi sai e fica de pé em frente à grande sede da fazenda. Por trás o que se vê são campos cobertos de fuligem e galhos retorcidos tostados pelo fogo. Rabi posiciona-se na parte mais alta da varanda e começa a falar:

– Senhores e senhoras, fomos vítimas da vontade dos deuses, e nossas terras sofreram com o fogo que destruiu toda a nossa plantação c matou a maioria de nossos animais. Para mim, a maior perda não foi das plantações nem do fumo, e sim do meu amigo Oziel. Despedi-me dele com o coração partido, mas confiante de que podemos recomeçar a plantar e fazer destas terras o lugar de onde iremos tirar o alimento de nossas vidas.

– Eu não tenho mais condições de pagar aos senhores os salários que paguei até o dia de hoje. Pouco temos para nos alimentar, mas confio que muitos de vocês ficarão ao meu

Entre Nossas *Vidas*

lado nesta hora de dor, porém deixo a critério dos senhores e das senhoras a decisão. Todos são livres a partir deste momento. Aqueles que forem ficar, por favor, procurem a Maíra e avisem-nos para que possamos repartir o pouco que temos para sobreviver. Faremos um cadastro das famílias que continuarão a morar na vila. Sei da dor de cada um de vocês pelo ocorrido, mas confio que, juntos, poderemos modificar nossa história. Reconstrução é a nossa palavra. Juntos, somos tão fortes como o fogo que tentou nos destruir, mas a vontade, a esperança e a fé nos levarão de novo à vitória. Muito obrigado a todos.

Gritos e uivos são ouvidos por todos que resolvem prosseguir ao lado do amado patrão. Nenhum empregado decidiu deixar Rabi. Logo todos voltam ao trabalho e a vida parece normal. Muitos se dedicam a juntar as cinzas e limpar os campos à espera de chuva para lavar o solo e torná-lo novamente produtivo.

"O amor é como uma chama, quanto mais a alimentamos, maior é seu poder e sua luminosidade."

Nina Brestonini

O casamento

Na semana seguinte, Rabi procura por Solenize, pois deseja pedir-lhe permissão para que seja realizado o casamento entre ele e Mel. Mel o acompanha, nervosa e emocionada. Logo Rabi chega ao quarto onde Solenize está sentada em uma confortável cadeira acariciando a enorme barriga, de um bebê que está muito próximo de nascer.

– Senhora Solenize, com licença!

– Entre, Rabi; entre, Mel.

– Eu vim aqui para lhe importunar, mas o que tenho a lhe dizer é muito importante e não podemos mais esperar pelo tempo.

– Pois diga, meu querido genro e amigo.

– Não é segredo para você Solenize e para ninguém que estamos apaixonados. E eu gostaria de sua permissão para casar-me com Mel. Precisamos oficializar o nosso amor.

Solenize não consegue disfarçar o momento de felicidade, e com um lindo sorriso no rosto diz:

– Tens a minha permissão. Saiba que estou lhe entregando o meu maior tesouro, e peço-lhe que a respeite e a ame por toda a vida.

– Por toda a vida é pouco, vou amá-la por toda a eternidade – diz Rabi segurando as mãos de Mel junto às suas.

– Eu fico realmente muito feliz – diz Solenize.

– Querida, converse com Maíra, escolha a data e organize tudo para nosso casamento – diz Rabi.

– Farei assim, se é o que desejas – diz Mel, emocionada.

– Não teremos uma grande festa, como desejo, pois minhas condições atuais não permitem, mas vamos celebrar nossa união com os nossos melhores amigos – diz Rabi.

– Por mim você nem precisa fazer festa, meu amor – diz Mel.

– É necessário que comemoremos este dia tão especial em nossas vidas – insiste Rabi.

– Mas Rabi, estamos em situação difícil – insiste Mel.

– Minha filha, não discuta com seu futuro marido. Rabi é um homem responsável e certamente não podemos negar a ele este desejo – diz Solenize.

– É isso mesmo, Solenize. Precisamos mostrar para todos o nosso amor.

– Está bem, Rabi, se é assim que desejas, assim faremos – diz Mel.

– Agora vamos escolher a data e preparar tudo. Procure por Maíra e veja com ela todos os preparativos para o nosso grande dia – diz Rabi.

– Sim, meu amor.

– Senhora Solenize, se nos permite...

– Podem ir, vai minha filha, e cuide dos preparativos para este grande dia.

– Até logo, mamãe!

– Até – diz Solenize, despedindo-se de Rabi e Mel.

No dia marcado, em uma simples cerimônia, o enlace matrimonial é realizado e todos ficam muito felizes. A festa toma a noite toda, todos dançam e comemoram a felicidade de Rabi e Mel. Embora simples, a cerimonia foi emocionante e bela. Nina e Felipe acompanham tudo bem de perto.

É manhã. Rabi está em seu quarto dormindo, a seu lado sua amada esposa Mel, quando ele é acordado por Maíra, que bate à sua porta insistentemente.

– Senhor, perdoe-me por acordá-lo, mas Solenize não se sente bem, me parece que a criança vai nascer – diz Maíra nervosa.

Mel dá um pulo da cama.

– O que houve com minha mãe, Maíra?

– Ela não se sente bem, acho que chegou a hora de a criança nascer.

Rabi, se veste rapidamente e chama por Mel.

– Vamos, querida, vamos olhar a sua mãe!

– Vamos – diz Mel.

Todos saem correndo pelo corredor da casa até chegarem ao quarto onde Solenize agoniza a dor do parto.

"A vida é aquilo que se deseja diariamente."

André Luiz

Izmir

Nina e Felipe chegam à sala de Daniel. Daniel é o espírito iluminado responsável pela Colônia Amor & Caridade. Do alto de sua luminosidade e sua sabedoria, ele conduz os trabalhos da colônia com muita humildade e amor. Todos sabem que só o amor é capaz de transformar as coisas. E é assim que a colônia segue auxiliando a milhares de espíritos que chegam todos os dias e são acolhidos. A sala de Daniel é ampla e tem uma grande mesa onde ele despacha e atende aos espíritos auxiliares todos os dias. Atrás de sua mesa há uma espécie de tela, onde são passadas as vidas anteriores dos consulentes que procuram pelo sábio mentor para compreenderem melhor os acontecimentos entre as encarnações.

Nina entra primeiro na sala, seguida por Felipe.

– Olá, Daniel!

– Oi, Nina, como estás? – diz Daniel se levantando.

– Estou muito bem Daniel, obrigada.

– Olá, Daniel – diz Felipe, chegando atrás de Nina.

– Entre, Felipe, sentem-se. Em que posso ajudá-los?

– Perdoe-me por perturbá-lo, Daniel, mas fui alertado por alguns fatos que estão acontecendo com Solenize e Mel – diz Felipe.

– Sim, o que está acontecendo?

– Verificamos que Izmir aliou-se a espíritos trevais e conseguiu já em uma encarnação anterior assassinar Solenize e Mel. Agora ele as persegue de novo na encarnação atual na qual as duas reencontraram-se na Índia.

– Sim, tenho informações sobre este fato – diz Daniel.

Nina assiste a tudo calada.

– Então estive pensando se não é melhor para todos que façamos novamente uma intervenção, como fizemos anteriormente quando levamos Izmir para depurar-se no Umbral e assim afastá-lo de Mel e Solenize.

– Felipe, eu tenho cuidado disso pessoalmente. Embora você e Nina sejam os mentores espirituais da menina Mel, tenho visto que só haverá uma solução para que estes espíritos finalmente terminem esse resgate.

– O que planejas, Daniel? – pergunta Nina.

– Tenho interferido, mesmo sem participar a vocês, pelos seus protegidos.

– Agradeço muito a sua ajuda, Daniel – diz Felipe.

– Pois sim, Felipe. Izmir juntou-se a Nico que acabou de chegar ao Umbral para destruir Rabi. Foi ele quem intuiu Ariel a tocar fogo nas plantações do rapaz. E foram eles também os algozes de Oziel.

– Mas Daniel, o que Oziel tem a ver com isso? – pergunta Nina.

– Nina, Oziel está nesta missão em auxílio evolutivo a Rabi, pois eles são espíritos amigos que se ajudam mutuamente.

– Compreendo – diz Nina.

– Como é que você irá interceder para que essa disputa termine?

– Vamos voltar ao nascimento do menino. Olhem aqui nesta tela e vamos acompanhar o desenrolar deste resgate.

A tela atrás de Daniel se acende, as luzes da sala reduzem-se sem nenhum comando. Logo todos passam a assistir ao parto de Solenize.

*"Nascer, morrer, renascer ainda e progredir
sempre, tal é a lei."*

Allan Kardec

Renascer

Todos se dirigem ao quarto onde Solenize agoniza na dor do parto.

Logo as mulheres mais simples da vila chegam à casa para a realização do nascimento da criança, pois não há tempo para chamar o médico. Alguns baldes com água quente são trazidos, toalhas e panos. Tudo está pronto para a chegada da criança. Assustado com os gritos e muito preocupado com sua sogra, Rabi aguarda do lado de fora do quarto o nascimento da tão esperada criança. Parece ser ele o pai. Logo ele se lembra das previsões de Mel e espera que tudo se cumpra conforme planejado. Um grito muito forte é ouvido por todos. Um choro de bebê enche o ambiente de alegria, enfim chega ao mundo a criança tão esperada. Trazendo-a nos braços, Mel entrega a Rabi o seu irmão, fruto de um estupro.

– É um menino, como eu lhe falei Rabi – diz Mel se aproximando e trazendo em seus braços um lindo bebê.

– Que bom querida! A cada dia que se passa, mais eu acredito na sua religião, minha querida Mel.

Entre Nossas *Vidas*

– Agora você tem em seus braços um menino que devemos amar e educar com toda a humildade possível em nossos corações – diz Mel entregando o menino a Rabi que o acolhe em seus braços.

– Certamente iremos amá-lo – diz Rabi.

– Só tem um probleminha meu querido esposo – diz Mel.

– Qual, meu amor?

– Olhe, os bracinhos dele não condizem com o corpo; ele é um deficiente físico.

– Não tinha reparado – diz Rabi assustado, pois na tradição indiana isto é uma dádiva.

– Não se preocupe, vamos amá-lo assim mesmo – diz Mel.

– Claro que sim, meu amor. Sua mãe já sabe disso?

– Não, ordenei que tirassem a criança de perto dela. Depois converso e explico a ela a razão desta criança ter nascido assim.

– E você sabe por que ela nasceu assim?

– Tenho uma desconfiança. Não tenho certeza.

– O que você acha que é?

– Resgate – diz Mel.

– Resgate! O que é isso?

– Rabi, quando se planta fumo o que se colhe?

– Fumo, ora!

– Assim são as coisas aqui na Terra. Somos o resultado de nossas escolhas. Colhemos aquilo que semeamos e por vezes Deus permite que reencarnemos próximos a nossos devedores para que possamos ter a oportunidade de saldar nossas dívidas. Não adianta você plantar fumo e ficar achando que vai colher café. Você é responsável por sua plantação, porém é intimado à sua colheita. São assim as coisas de Deus.

– Você quer dizer que o fato deste menino nascer com uma deficiência física fará dele um dependente de alguém que precisa ajustar-se a ele?

– Sim, é isso. Exatamente isso. Ajustes...

– Como você sabe tudo isso?

– Já lhe falei: eu converso com os espíritos, e eles me instruem sobre tudo o que lhe digo.

– Te amo, Mel – diz Rabi aproximando-se de sua amada esposa.

– Eu também te amo, Rabi.

– O que iremos fazer?

– Vamos esperar a mamãe acordar e conversarei com ela.

– Está bem.

– Agora me dê a criança, que vou pedir às empregadas para cuidarem dela.

– Faça isso! – diz Rabi, entregando nos braços de Mel um menino que acabara de nascer.

– Mel, desculpe-me lhe perguntar sobre o que você acaba de dizer a Rabi, mas fiquei muito curiosa com essa conversa. Eu me sinto envergonhada em lhe perguntar isso, mas não pude deixar de ouvir o que você dizia a ele – diz Maíra, se aproximando.

– O que você quer saber, Maíra?

– Como você sabe disso tudo? Embora tenha ouvido você dizer que fala com espíritos, acho que você é muito nova para demonstrar tanto conhecimento e tanta sabedoria.

– Um dia nós poderemos ver e compreender melhor o que está acontecendo aqui hoje. Aliás, todos nós poderemos compreender tudo o que está acontecendo hoje.

– Como sabes disso?

– É isso que os espíritos nos ensinam. Deus nos dá todos os dias oportunidades de recomeço. Nunca se esqueça disso, Deus é perfeito.

– Meu Deus, olhe o bracinho dele, tem um defeito... Aliás, os dois braços dele são defeituosos. Por que Deus fez isso com ele? – diz Maíra, assustada.

– Acho que é a vontade de Deus.

– Glória a Ti, Senhor – diz Rabi.

Entre Nossas *Vidas*

– Belas palavras, meu amor – diz Mel.

Abraçam-se os três em imensa alegria.

Logo são interrompidos pelos gritos das parteiras que tentam a todo custo salvar a vida de Solenize.

– Venha, Mel, sua mãe não está bem– diz Liel se aproximando.

Mel corre até o quarto enquanto Maíra leva o bebê para longe de tudo.

– Meu Deus, olhe por minha mãe – implora a menina.

Ajoelhando-se à beira da cama, Mel toma as mãos de sua mãe, que agoniza.

– Mãe, não morre! Por favor!

Rodrigo, Marques e Lucas, que são três espíritos de luz enviados da Colônia Amor e Caridade, chegam ao quarto e estendem suas mãos sobre Solenize, que começa a melhorar imediatamente.

Dois guardiões que chegam com os iluminados afastam imediatamente vários espíritos malignos que se aproximaram do ambiente na tentativa de destruir Solenize. São companheiros de Izmir.

– Minha doce filha, não é minha vontade própria que se cumpre e sim a vontade de Deus. Cuide bem de seu marido e de seu irmão, que juntos ainda têm pela frente uma linda e grande missão de misericórdia. Auxilie a todos os seus semelhantes e seja sempre um exemplo de amor e fé.

– Minha mãe, eu te amo.

– Também te amo, filha.

Lentamente seus olhos se fecham e Solenize descansa. As lágrimas banham o lindo rosto de Mel que pensa na dura missão que sua mãe terá pela frente. Mel ora a Deus pedindo que o amor e a compreensão estejam sempre presentes no coração de Solenize.

O tempo passa. Solenize se recupera e passa a cuidar do menino com muito carinho e amor.

As terras não são produtivas e poucos são os colonos que ainda permanecem ao lado de Rabi, muitos desistiram do trabalho e foram embora. A sede e a fome começam a assolar todos que ficaram na esperança da reconstrução de suas vidas após o incêndio. Rabi é desprezado pelos amigos da sociedade por ter se casado com uma mulher sem casta. Desesperado, sem dinheiro e em depressão, Rabi não sabe o que fazer. Mel cuida de seu irmão com muito carinho e amor. Maíra seguiu para outro emprego, pois tem suas próprias ambições.

Daniel, Nina e Felipe assistem a tudo e Nina quebra o silêncio.

– Daniel, perdoe-me, mas por que o menino nasceu assim?

Entre Nossas *Vidas*

– Sendo ele totalmente dependente de Solenize, ele irá nutrir por ela uma dependência que estreitará ainda mais seus sentimentos. Isso é uma prova de que o amor vai vencer. Juntos, eles poderão, enfim, resgatar todos os seus débitos das vidas anteriores.

– Quer dizer que aquele menino que acaba de reencarnar é Izmir?

– Sim, Felipe, é ele mesmo – diz Daniel.

– Meu Deus! – diz Nina levando a mão direita aos lábios.

– Como você conseguiu isso, Daniel? – pergunta Nina.

– Estive no Umbral logo após a morte de Oziel, fui buscá-lo para levá-lo para Nosso Lar, visto que ele não poderia ficar aqui conosco. Quando estava terminando o resgate, fui abordado por Izmir e seu bando. Ele até que foi gentil comigo.

– E o que aconteceu?

– Conversei durante um bom tempo com ele. Sentamos e conversamos como nunca havíamos conversado. Ele se mostrou arrependido, pois não tinha a intenção de matar Oziel. Foi ele quem ficou ao lado do corpo de Oziel, tomando conta até nós chegarmos. O arrependimento sincero em seu peito fê-lo afastar-se das energias deletérias que ele mantinha acesas em seu âmago. Logo aproveitei a oportunidade para mostrar-lhe que essa vingança não teria fim.

– E pelo visto seus argumentos foram ótimos – diz Felipe.

– Felipe, contra a verdade não há argumentos – diz Daniel, sabiamente.

– É verdade – diz Nina.

– Então você o convenceu a resgatar-se com Solenize.

– Descobri que o ódio que Izmir sentia por Solenize era, na verdade, um amor intenso e verdadeiro que se transformou em ódio, pois eles não compreendiam o que sentiam verdadeiramente um pelo outro. Assim, sugeri a ele que reencarnasse ao lado dela e vivesse este amor verdadeiro.

– E por que a deficiência? – pergunta Nina.

– Para que nenhum dos dois se esqueça de que todos os dias deverão amar-se profundamente, pois um dependerá do outro para sobreviver.

– Nossa, Daniel! Mais uma vez o amor venceu – diz Nina.

– O amor sempre vence, Nina.

– Que bom que tudo termina assim! – diz Felipe.

– E quem é que lhe disse que tudo terminou? – diz Daniel.

– Não acredito, ainda tem mais surpresas? – pergunta Nina.

– Olhem agora a vida deles – diz Daniel, revelando novas imagens no telão.

"Todo efeito tem uma causa. Todo efeito inteligente tem uma causa inteligente. O poder da causa inteligente está na razão da grandeza do efeito."

Allan Kardec

A felicidade

A tristeza é comum e poucos os que ficaram são fiéis a Rabi. Ele passa horas sentado em seu escritório, na esperança de ter alguma ideia que salve os seus negócios. Rabi é interrompido por Mel.

– Rabi, meu amor!

– Sim querida.

– Tem uma visita em nossa sala e está lhe esperando – diz Mel.

– Quem é?

– Vá lá e veja você mesmo, tenho certeza que você vai ficar muito feliz.

– Não quero receber ninguém; por favor, peça para ir embora querida.

– Querido, ficar trancado nesse escritório não vai resolver nada, anime-se e vá atender à sua visita.

– Não quero. Por favor, peça para ir embora.

– Está bem!

Entre Nossas *Vidas*

Mel vai até a sala e pede à visita que vá até o escritório, pois Rabi a está aguardando.

Rabi ouve batidas na porta.

– Posso entrar?

Assustado, Rabi olha para a porta e vê Ileia entrando em seu escritório. Um misto de felicidade e vergonha preenche o seu coração.

– Perdoe-me por não querer lhe receber.

– Não fui informada disso, Mel mandou que viesse até seu escritório e que você estava me aguardando.

– Essa Mel, sempre assim, calma, serena, paciente e amorosa; não sou digno de tanto carinho e atenção.

– Vejo que você fez a escolha acertada – diz Ileia.

– Perdoe-me, não quis ofendê-la.

– Não me ofendes, fique tranquilo, vim trazer-lhe o convite de meu casamento.

– Nossa, que notícia boa! Eu fico muito feliz que você tenha encontrado um homem à sua altura.

– Sim, eu também estou muito feliz, mas não é só este motivo que me trouxe aqui. Posso sentar-me?

– Sim, claro, perdoe-me. Ando tão preocupado, que esqueci de minha educação. Quer beber alguma coisa? – pergunta Rabi.

– Não, obrigada. Gostaria muito de conversar com você e a Mel, é possível? Será que você pode chamá-la?

– Claro, vou chamá-la, com licença – diz Rabi, saindo apressadamente.

Ileia então coloca dentro da primeira gaveta da mesa principal uma sacola com uma grande quantia em dinheiro, sem que Rabi perceba.

Após alguns minutos, Rabi volta trazendo consigo Mel e seu irmão.

– Estamos aqui – diz Rabi adentrando ao escritório.

– Perdoe-me, Mel, por entrar assim em sua casa, mas precisamos conversar. E o assunto que tenho a tratar é com vocês dois. E quem é esse menino? É filho de vocês?

– Não, este é Ravi, irmão da Mel, que nasceu de um estupro sofrido por sua mãe em minha propriedade.

– Lindo menino, quantos anos ele tem?

– Dois anos – diz Mel.

– Você é lindo, Ravi – diz Ileia acariciando-o sem comentar a deficiência do menino.

– Importa de sentar-se, Mel? – pergunta Ileia.

– Desculpe-me a falta de educação, estava distraída.

Mel coloca Ravi no chão e ordena que vá brincar em outro ambiente.

Entre Nossas *Vidas*

Ileia espera que todos estejam sentados e começa a falar:

– Rabi, o motivo que me traz aqui é, primeiramente, para lhe agradecer por ter me concedido o prazer de cuidar da obra assistencial. Todos lá cobram uma visita sua e sentem sua falta; agora mesmo ampliamos a área de atendimento e temos alguns médicos voluntários que estão prestando atendimento gratuito para todos.

– Fico extremamente feliz, sempre confiei em sua competência para que esse projeto não terminasse – diz Rabi, emocionado.

– Em segundo lugar, quero lhe pedir desculpas por tudo o que tens passado nesses longos anos, lamento suas perdas e seu sofrimento.

– Não tens que se desculpar de nada, Ileia – diz Mel.

– Tenho sim. Vocês têm que saber o seguinte:

Ileia faz uma pausa e seus olhos se enchem de lágrimas. Após tomar um gole de ar Ileia prossegue:

– O que houve Ileia? – diz Mel aproximando-se e pegando as mãos de Ileia. – Sente-se bem?

– Tenho algo muito grave para revelar a vocês – diz Ileia em lágrimas.

– Meu Deus, o que houve? Não chore! – diz Rabi, se aproximando.

~ 206 ~

OSMAR BARBOSA

– Rabi, em seu leito de morte, meu pai confessou-me que foi ele quem mandou atear fogo em suas plantações e nos galpões onde você armazenava toda a sua fortuna, e ainda foi um capataz dele quem matou seu melhor amigo.

– Meu Deus, como ele teve coragem de fazer isso?! – diz Mel.

– Meu pai era um homem antigo, de costumes e tradições antigas, mas antes de morrer me pediu que lhe perdoasse por tudo o que ele lhe fez, e pediu-me que lhe procurasse e lhe ajudasse no que fosse necessário para você retomar sua fortuna e sua vida. Peço-lhe encarecidamente que o perdoe, Rabi.

– Está perdoado, compreendo perfeitamente o que ele fez, e na verdade não sou eu quem tem que perdoá-lo e sim Oziel, que morreu assassinado por seus capangas.

– Isso meu pai vai ter que resolver da forma dele, eu não tenho conhecimento para sugerir a solução – diz Ileia.

Mel aproxima-se de Rabi e coloca suas mãos sobre o ombro do seu marido. E interrompe a conversa.

– Querida Ileia, muito me deixa feliz sua atitude. Saber que tens a dignidade de nos trazer essa notícia e a humildade de nos pedir perdão pelos atos de seu pai nos deixa comovidos e felizes. Mas a lei de causa e efeito é a ferramenta apropriada para a evolução dos espíritos. Sua atitude nos mostra o arrependimento, e quando o arrependimento é sincero há nele o amor de Deus que perdoa Seus filhos sempre. Não há o que perdoarmos.

Enquanto sofríamos, conhecemos nossos verdadeiros amigos; conhecemos os nossos valores, e pudemos compreender melhor que muitos que nos abandonaram não viviam uma aproximação verdadeira. Agradecemos a Deus por isso. Os que saem de nossa vida sem motivos não são verdadeiros. E a felicidade plena só está onde está o verdadeiro amor.

– Agora entendo porque você casou-se com Mel – diz Ileia emocionada.

– Nós nos casamos pelo amor de muitas vidas que se seguem pela eternidade como espíritos afinados pela evolução. O crime que seu pai cometeu teve uma função que agora podemos compreender. A dor, a necessidade e o sofrimento nos trouxeram ensinamentos profundos pelos quais somos eternamente gratos.

– Compreendo, Mel, e agradeço de coração seus ensinamentos e sua compreensão – diz Ileia.

– Foi isso, isso mesmo, Ileia. Foi isso que encontramos um no outro, o amor sincero e verdadeiro, jamais guardarei mágoas de seu pai. Ele agiu certamente impulsionado pelos sentimentos que o atormentavam naquele momento – diz Rabi.

– Temos que ser compreensíveis e acreditar que a verdade sempre estará presente quando temos a paciência de esperá-la – diz Mel.

– Sinto-me envergonhada com tanta sabedoria e tanta luz.

– Que nada, se você está em nossa presença e em nossas vidas é porque Deus assim o quer – diz Mel, abraçando Ileia.

– Sinceramente, aceitamos sua ajuda sim, precisamos recomeçar. E estaremos muito felizes em sua festa de casamento, afinal a vida tem que ser vivida com amor e alegria – diz Rabi também abraçando Ileia.

Todos se levantam, e em um fraterno abraço são envolvidos por espíritos superiores que fazem um anel de luz e felicidade.

Nina fica emocionada assistindo a tudo. Felipe está ao seu lado irradiando luz aos que se abraçam com sinceridade.

– Papai, papai! – o menino Ravi entra correndo pela sala e participa do abraço fraterno.

Ileia fica feliz e despede-se dos amigos com abraços e beijos.

Mel carrega em seu ventre uma criança que vai nascer.

– Olhe, Felipe, a Mel está grávida – diz Nina.

– Sim. Posso ver que há um espírito sendo preparado para reencarnar ao seu lado.

Entre Nossas *Vidas*

– Vocês conseguem identificá-lo? – pergunta Daniel se aproximando.

– Não Daniel, eu não consigo – diz Nina.

– E você, Felipe, consegue saber quem é? – insiste Daniel.

– Eu não consigo, Daniel.

– Pois olhem atentamente – diz Daniel, revelando a imagem em uma tela plasmada na parede do escritório de Rabi.

– Oziel. É Oziel – diz Nina.

– Nossa! Que lindo, Daniel! – diz Felipe.

Oziel volta a reencontrar sua irmã Maíra e seus melhores amigos. Assim tudo se cumpre.

– Lindo, muito lindo! Quem diria Oziel filho de Mel e Rabi– diz Nina.

– Deus é perfeito Nina – diz Felipe.

Mel percebe a presença dos espíritos iluminados e se emociona chorando abraçada a Rabi e Ileia.

Todo o ambiente se enche de luz.

Logo todos começam a se despedir.

– Obrigado pela visita Ileia - diz Rabi se despedindo.

– Eu é que lhe agradeço por ter perdoado o meu pai.

– Deus esteja com ele – diz Mel.

– Agora recomecem suas vidas, há uma pequena ajuda

que deixei na gaveta de seu escritório Rabi. Não fique aborrecido comigo, mas é desta forma que eu tenho certeza que você vai poder recomeçar e voltar a ser o homem rico e feliz que pude conhecer na faculdade.

– Porque você fez isso Ileia?

– Rabi, não reclames da ajuda de Ileia, isso é uma ofensa a essa nobre amiga – diz Mel com sabedoria.

– Isso mesmo Rabi. Não reclames. Fiquem com Deus – diz Ileia abraçando a todos e entrando em sua carruagem.

– Adeus Ileia. Breve irei aparecer para visitar aos necessitados – diz Rabi.

– Não deixem de ir ao meu casamento. Fiquem com Deus.

Assim Ileia volta para sua casa.

Após três anos.

Os campos estão verdes. As plantações de fumo e cravo estão em sua produção máxima. A felicidade está restabelecida naquela família. Mel, Rabi e Solenize vivem felizes. Rabi recomeçou sua vida com a grande quantia de dinheiro que Ileia deixou escondido em sua gaveta.

Mel e Rabi estão nos jardins com seus dois filhos.

– Olhe, querida! O Karan está puxando o bracinho de Ravi.

– Eles são lindos. Obrigada por me dar uma família linda assim, Rabi – diz Mel.

Entre Nossas *Vidas*

– Eu te amo, Mel.

– Eu também te amo, Rabi.

Nina abraça Felipe, emocionada.

– Daniel, que lindo!

– Sim, Deus é maior – diz Daniel.

– Agora você poderia deixar uma oração para a família...
O que acha, Daniel? – sugere Felipe.

– Com prazer – diz Daniel.

Todos ouvem atentamente a oração que Daniel ensina
para a família. Mel e Rabi parecem ouvir a prece. Ficam
abraçados por algum tempo sem pronunciarem nenhuma
palavra. Talvez tocados pelas luzes que descem da colônia
e atingem o lindo lar de Rabi e Mel.

Daniel começa a proferir a prece:

Senhor, meu Deus. Faça do meu lar um lugar
onde só haja o Teu amor.
Que não haja amarguras, porque Tu nos abençoas.
Que não haja egoísmo, porque Tu nos animas.
Que não haja rancor, porque Tu nos perdoas.
Que não haja abandono, porque Tu estás conosco.
Que saibamos caminhar em Tua direção
em nossa rotina diária.
Que cada manhã seja o início de mais um dia

de entrega, sacrifício e amor.
Que cada noite nos encontre ainda mais unidos no Teu
amor e na Tua paz.
Faz, Senhor, das nossas vidas, que quiseste unir, uma
página cheia de Ti, repleta de alegrias, esperança e fé.
Faz também, Senhor, dos nossos filhos o que Tu anseias.
Ajuda-nos a educá-los e orientá-los pelos Teus caminhos.
Que nos esforcemos no consolo mútuo.
Que façamos do amor um motivo para
amar-Te ainda mais.
Que possamos dar o melhor de nós mesmos
para sermos felizes no lar.
Que, ao amanhecer o grande dia de ir ao Teu encontro,
nos concedas estarmos unidos para sempre a Ti.
Que assim seja.

Assim termina a última encarnação de Rabi, Mel, Solenize e Oziel.

Hoje, eles são trabalhadores na Colônia Espiritual Amor & Caridade.

"Saudade é o amor que fica."

Nina Brestonini

Conheça outros livros psicografados por Osmar Barbosa.
Procure nas melhores livrarias do ramo ou pelos sites de
vendas na internet.
Acesse
www.bookespirita.com

*Outros títulos lançados por
Osmar Barbosa*

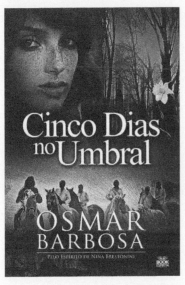

Aos 24 anos de idade, uma linda jovem desencarna por causa de uma doença no coração. Exausta e muito assustada, ela acorda no plano espiritual, em uma das enfermarias da Colônia Amor & Caridade. Quando ainda se recuperava desta intensa viagem de passagem, que todos nós faremos um dia, Nina recebe o convite que transformaria toda sua trajetória espiritual: se juntar a uma caravana de luz em uma missão de resgate no Umbral. Quem será que eles tinham que resgatar? Por quê? E que perigos e imprevistos encontrariam pelo caminho? Por que nem sempre compreendemos as decisões das esferas superiores? Você encontrará as respostas para estas e muitas outras perguntas no livro Cinco Dias no Umbral.

Após um longo período em orações, Felipe consegue permissão para buscar Yara, sua mãe, no Umbral. Ele e toda a caravana partem rumo à região mais sombria existente na espiritualidade para encontrar e trazer sua amada e querida mãe de volta à Colônia Espiritual Amor & Caridade. Quais os desafios que esses iluminados irão encontrar pela frente? Quem está com Yara? Será que cinco dias é tempo suficiente para que a missão seja cumprida? Nina suportará todos os desafios do Umbral? Você não pode perder a continuação do livro Cinco Dias no Umbral. Seja você o oitavo componente dessa missão de amor e solidariedade nas regiões mais densas da vida espiritual.

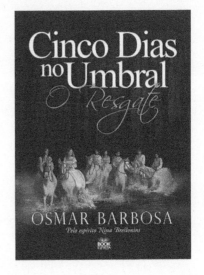

Uma história que nos completa e nos faz compreender a misericórdia divina em sua amplitude. Esta obra psicografada retrata a trajetória de um índio que, como espírito, também tem a oportunidade evolutiva. Ou índios, negros africanos, escravos etc., não são espíritos que merecem, como todos nós, filhos da criação, uma oportunidade? Esta obra é a prova viva de que Deus ama sua criação e proporciona a ela oportunidades evolutivas constantes. Como são recebidos esses espíritos na erraticidade? Existem colônias específicas para estes espíritos? Como são as colônias espirituais? Será possível eles auxiliarem na obra divina? E o amor, será que eles não amam? Quais as oportunidades? Onde estão seus familiares? Como estes espíritos podem evoluir? Para que servem essas experiências?

A prece é uma invocação: por ela nos colocamos em relação mental com o ser ao qual nos dirigimos. Ela pode ter por objeto um pedido, um agradecimento ou um louvor.
Podemos orar por nós mesmos ou pelos outros, pelos vivos ou pelos mortos. As preces dirigidas a Deus são ouvidas pelos espíritos encarregados da execução dos seus desígnios; as que são dirigidas aos bons espíritos vão também para Deus.
Quando oramos para outros seres, e não para Deus, aqueles nos servem apenas de intermediários, de intercessores, porque nada pode ser feito sem a vontade de Deus.
O Espiritismo nos faz compreender a ação da prece ao explicar a forma de transmissão do pensamento, seja quando o ser a quem oramos atende ao nosso apelo, seja quando o nosso pensamento eleva-se a ele.

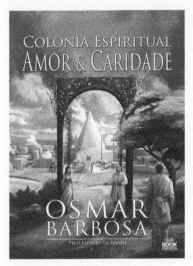

Posso garantir, sem medo de errar, que ao percorrer as páginas deste livro, você, meu querido amigo leitor, se sentirá caminhando ao lado do irmão Daniel e do menino Lucas pelos jardins e passaredos belamente arborizados da Colônia Amor & Caridade. Você presenciará conosco este momento único em que o sábio e o aprendiz caminham lado a lado em uma incrível troca de conhecimentos e experiências de vidas, onde é profundamente difícil definir quem está aprendendo mais com quem. Decerto, podemos afirmar que o maior beneficiado de todo este momento único na história seremos nós mesmos, meros seres encarnados, que estamos sendo merecedores de receber todo este conhecimento especial, fruto deste encontro, pelo conteúdo psicografado contido neste livro.

Diz-se que, mesmo antes de um rio cair no oceano ele treme de medo. Olha para trás, para toda a jornada, os cumes, as montanhas, o longo caminho sinuoso através das florestas, através dos povoados, e vê à sua frente um oceano tão vasto que entrar nele nada mais é do que desaparecer para sempre. Mas não há outra maneira. O rio não pode voltar. Ninguém pode voltar. Voltar é impossível na existência. Você pode apenas ir em frente. O rio precisa se arriscar e entrar no oceano. E somente quando ele entra no oceano é que o medo desaparece. Porque apenas então o rio saberá que não se trata de desaparecer no oceano, mas tornar-se oceano. Por um lado é desaparecimento e por outro lado é renascimento. Assim somos nós. Só podemos ir em frente e arriscar.

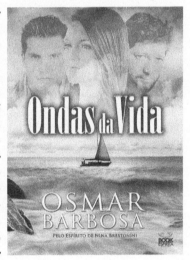

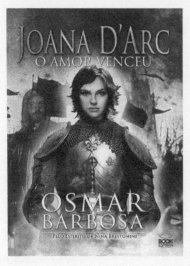

Segundo Humberto de Campos, pelo médium Chico Xavier, a última reencarnação de Judas Iscariotes na Terra foi da conhecida heroína francesa Joana D'Arc, queimada nas fogueiras inquisitoriais do século XV, conforme mensagem apresentada no livro Crônicas de Além-Túmulo.
Fiquei perplexo ao receber essa psicografia. Logo me preocupei em não discordar dos amados Chico Xavier e Humberto de Campos. Até procurei uma explicação questionando Nina Brestonini, o espírito que me passou este livro.
Conheça essa incrível história de amor e superação. Não perca a oportunidade de conhecer mais um pouco dessa jovem menina querida e destemida, chamada Jeanne D'Arc.

Aquilo que está vivo é uma possibilidade. Somente a morte coloca o ponto-final em algumas relações. Naquelas que mais importam, eu diria. Naquelas que nos inquietam e das quais nos cabe cuidar. Ao contrário das coisas materiais, é impossível resolver relações vivas. Elas podem ser cultivadas, saboreadas, vividas, mas não resolvidas. Elas prosseguem. Nunca haverá a conversa definitiva com aqueles que a gente ama. Talvez haja a última, mas isso não se sabe.
Este livro traz a história de Hernani, um estudante de medicina que após ser baleado durante um assalto fica paraplégico.

Se você está pensando em se suicidar, deve procurar saber o que acontece com um suicida logo após a morte, correto? Eu não tenho boas notícias para você. O suicida é, sem dúvida nenhuma, o ser que mais sofre após a morte.
Primeiro, você precisa saber que nada se perde neste universo. Ao morrer seu corpo volta para a Terra, e sua mente, sua consciência, seu EU, que chamamos de espírito, não desaparece. Ele continua vivo. O que dá vida a seu corpo é justamente a existência de um espírito que anima a matéria.
Então tentar se matar achando que você será apagado do universo para sempre é uma tolice. O seu corpo realmente vai desaparecer na Terra, mas você continuará existindo.

Nós já sabemos que algo está acontecendo em nosso planeta, temos a consciência de que é chegada a hora da transformação planetária tão necessária ao equilíbrio evolutivo da humanidade. Jesus nos alertou por meio da parábola do joio e do trigo, que é chegada a hora desta tão sonhada transformação. Nosso planeta está mudando. Sabemos que muitos de nossos irmãos não terão mais a oportunidade de encarnar entre nós. Eu convido você, por meio desta obra, a tomar conhecimento de como será o exílio daqueles espíritos que após receberem diversas oportunidades não se alinharam ao amor divino. Saiba como você pode se livrar de ser exilado deste orbe.

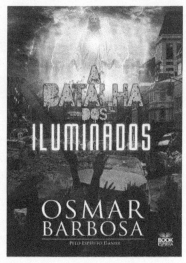

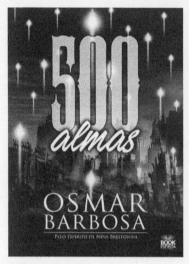

Ao longo da história já ocorreram incontáveis situações de desencarne coletivo. Ações da natureza levaram incontáveis pessoas ao desencarne.
Na história recente temos presenciado situações de desencarne por outras razões, como naufrágios, acidentes aéreos, incêndios, desabamentos, ocupações de áreas de risco, terremotos, tsunamis, e outras.
É característico do ser pensante refletir sobre sua vida e sua interrupção. E por isso temos nos perguntado sempre: por que ocorrem estas situações? Por que muitas pessoas desencarnam ao mesmo tempo? Para onde vão estes espíritos? Como tudo é organizado nestas grandes catástrofes? E as crianças? Como ficam nesta hora? Podemos reencontrar nossos familiares que já desencarnaram? Por que tantas vidas são ceifadas ao mesmo tempo?

Somos livres. A cada instante, escolhemos pensamentos, decidimos caminhos, revelando o volume das nossas conquistas e das derrotas. Distraídos, alimentamos fantasias, acariciamos ilusões e brigamos por elas, acreditando que representam a nossa felicidade plena. A visita da verdade, oportuna, nos faz reciclar valores, modificar ideias, aprender lições novas, caminhar para frente, conquistando nossa tão sonhada evolução espiritual. Sempre nas mãos do amor divino, onde tudo nos é permitido.
De onde vêm os Exus?
Por que são chamados assim? Quais os desafios que encontraremos após deixarmos a vida física? Por que Exu é tão discriminado? O amor, será que o levamos para a eternidade?

Após perder seu pai e seus melhores amigos ciganos em um massacre cruel, Rodrigo segue em uma jornada desafiadora orientado pelo seu mentor espiritual. Ele viaja para a Capadócia e Alexandria, onde encontros inesperados e perdas irreparáveis o esperam. Que caminhos deve seguir este cigano? Quais os desafios? As perdas? Será que ele conseguirá cumprir a missão determinada por seu mentor espiritual? E o amor? Quem será a cigana que o espera? Será seu destino? Você encontrará as respostas para estas e muitas outras perguntas no livro Gitano – As Vidas do Cigano Rodrigo.

Parei para pesquisar o significado de família... Família é um grupo de pessoas, que dividem o mesmo gosto pela vida. Que dividem o mesmo sentimento. Que não importa não dividir o mesmo sangue. Apenas por dividir os mesmos sentimentos... Como tudo isso acontece? Como escolhi meus pais? Meus amigos? Será que eu pude escolher os meus pais? Como os encontros são arquitetados pela espiritualidade? Por que nasci nesta família? Por que meu pai é meu pai e minha mãe é minha mãe? Por que tanta dificuldade em viver com meus familiares? Por que os casamentos se frustram? Será que sou diferente? Será que é uma bênção? Ou será um castigo? Saiba como tudo isso é organizado antes de nossa vida atual.

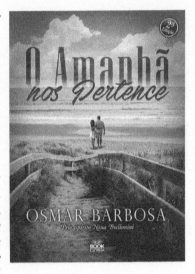

Todos nós já estamos cansados de saber que o suicídio é um caminho sem volta. Que a alma que comete o suicídio sofre muito e que essa atitude só atrasa a evolução pessoal de cada um. Como reagir à perda de um ser tão importante para nossa vida? Como reagir à morte de um filho, na tenra idade? Será que o Criador está castigando a criatura? Por que morrem nossos filhos? Por que morrem as pessoas que mais amamos de forma tão trágica e dolorosa? Será que Deus pode nos livrar de um suicídio? Neste livro você encontrará respostas para essas e tantas outras questões que envolvem a maternidade e a convivência familiar. E para brindar nossos leitores, no final desta linda história psicografada, você recebe algumas cartinhas de crianças que desencarnaram e se encontram na Colônia Espiritual Amor e Caridade.

Somos o resultado de nossas escolhas e de nossa coragem, de nossas experiências e aprendizados. Aqueles que têm pouca fé se transformam em alvo fácil dos que buscam escurecer a luz da verdade. Mas aqueles que creem com fervor, esses são assistidos diretamente pelos espíritos mais puros dos universos de luz, por anjos guardiões enviados diretamente por Deus.
Neste livro você vai conhecer o Fernando, que sofre desde menino por ser homoxessual. Sua irmã Raquel tenta a todo custo auxiliá-lo a enfrentar o preconceito, as diferenças e acima de tudo a dificuldade familiar. A escola? A rua? As festas? Por que meninas estão beijando meninas e meninos estão beijando meninos? Como lidar com essas diferenças? Como é ter em casa dois filhos homossexuais?

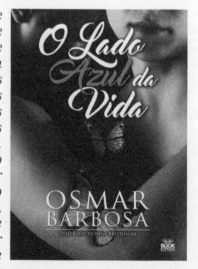

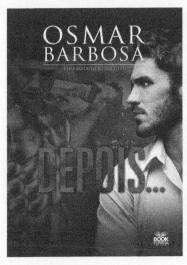

Existe vida após a morte? Qual é o motivo da vida? De onde viemos? Para onde vamos? Quem sou eu? Por que nasci nesta família, neste continente, neste país? Por que o meu pai é o meu pai, e a minha mãe é a minha mãe? Meus irmãos, quem são? E minha família? Por que eu estou aqui? Por que neste corpo, nesta pele, falando este idioma? Tudo termina com a morte? Deus existe? Ao acompanharmos a trajetória de Nicolas, iremos compreender muitas coisas. Vários porquês serão respondidos neste livro. O mais importante para mim, como escritor que psicografou esta obra, é chamar a atenção de todos os leitores para a necessidade de trazer para dentro de nossa alma a compreensão de que somos ainda aprendizes dessa nova era.

Algumas vezes ficamos sem entender muito bem as coisas que nos acontecem. Ficamos desolados e tristes com as dores que vivenciamos, e na maioria das vezes estamos de pés e mãos atados, vivenciando dramas sem que nada possamos fazer. De onde viemos? Para onde vamos? Qual o objetivo de Deus quando nos impõe provas tão duras? Será que é Deus quem determina o sofrimento? Você é meu convidado a experimentar e descobrir como tudo isso acontece e como os bons espíritos podem nos ajudar revelando para nós, O Lado Oculto da Vida.

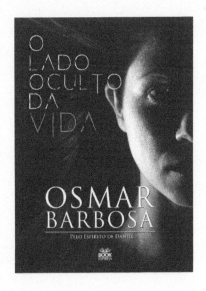

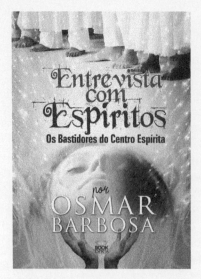

Ser médium é a coisa mais divina que nos pode acontecer. Quando você compreende e se preocupa em como vai usar esse privilégio, tudo a seu lado se torna divino. "Não dá para brincar de espiritismo, não dá para brincar de ser médium."

Embora ser médium seja um grande desafio, pois muitas vezes nos falta a orientação correta, como posso exercer minha mediunidade com segurança? Como não piorar minha situação no mundo espiritual, pois sabemos que todo médium é um grande devedor? Qual o caminho? Como acreditar em todas as experiências que acontecem comigo? Serão todas elas verdadeiras? Por que eu sou médium? De onde vem à mediunidade? Qual é a hora certa para me desenvolver?...

Esta obra foi composta na fonte Century751 No2 BT, corpo 13.
Rio de Janeiro, Brasil.